高等职业教育电子商务专业系列教材

网店运营与管理

主 编 于 含
参 编 张 蕾 张 昶 苏艳玲
　　　　张 新 吉冬军 薛力峰

机械工业出版社

本书以网店运营实际操作流程为主线，系统全面地介绍了网店运营过程中的理论与实际操作。本书主要内容包括网上开店、网店设计与装修、商品发布、网店推广、网店客服、网店物流与仓储、网店数据分析等。本书面向网店运营的初学者，从精细化运营的角度给出了相对完善的运营策划思路，同时详细讲解了网店的运营流程，兼顾了前沿性与系统性。此外，本书为邮政通信管理高水平专业群资源库配套教材，书中的配套微课、课后练习、拓展资料等，能更好地帮助读者掌握重点、难点，进行拓展性学习。

本书适合作为高等职业院校电子商务及相关专业网店运营课程的教材，也可作为开设网店的初学者的参考用书。

图书在版编目（CIP）数据

网店运营与管理/于含主编．—北京：机械工业出版社，2021.10（2023.1重印）
高等职业教育电子商务专业系列教材
ISBN 978-7-111-69347-5

Ⅰ．①网… Ⅱ．①于… Ⅲ．①网店—运营管理—高等职业教育—教材 Ⅳ．①F713.365.2

中国版本图书馆CIP数据核字（2021）第204136号

机械工业出版社（北京市百万庄大街22号 邮政编码100037）
策划编辑：乔 晨　　责任编辑：乔 晨　马新娟
责任校对：高亚苗　　封面设计：鞠 杨
责任印制：单爱军
北京虎彩文化传播有限公司印刷
2023年1月第1版第2次印刷
184mm×260mm・11.75印张・254千字
标准书号：ISBN 978-7-111-69347-5
定价：49.00元

电话服务	网络服务
客服电话：010-88361066	机 工 官 网：www.cmpbook.com
010-88379833	机 工 官 博：weibo.com/cmp1952
010-68326294	金 书 网：www.golden-book.com
封底无防伪标均为盗版	机工教育服务网：www.cmpedu.com

前　言

2003年淘宝网上线，随后京东、拼多多等电商平台纷纷崛起，网络零售逐渐发展成熟，网上开店已成为很多人的选择。在电子商务发展初期，很多网店享受到了流量红利，获得了爆发式增长。但随着流量成本的逐渐升高，流量红利逐渐消失，网店运营从过去爆发式的流量红利期进入精细化运营时期。精细化运营要求卖家结合渠道、转化流程和用户行为数据，开展有针对性的运营活动，以提升店铺的转化率。同时，精细化运营要具备数据驱动的思维，用数据优化运营，进而实现客户和业务的增长。

《中华人民共和国电子商务法》（以下简称《电子商务法》）于2019年1月1日起正式实施，意味着我国电子商务行业告别了"野蛮生长"，进入了法律监管范围。《电子商务法》的出台保障了电子商务各方主体的合法权益，进一步规范了电子商务行为，维护了市场秩序，对促进电子商务持续健康发展具有重要的意义。《电子商务法》从各方面规范了电子商务的运营秩序，详细规定了电商经营者、电商平台经营者的法律责任，同时明确了对电商经营者不法行为的惩戒措施，电商经营违法成本的提高更好地保护了线上消费者的权益，促进了电子商务的良性发展。

电子商务流量红利期的结束，规范化、精细化运营时代的来临，对网店运营者提出了更高的要求。鉴于以上背景，本书从精细化运营的角度给出了相对完善的运营策划思路，同时详细讲解了网店的运营流程，兼顾了前沿性与系统性。本书共有七个项目，内容包括网上开店、网店设计与装修、商品发布、网店推广、网店客服、网店物流与仓储以及网店数据分析。本书特点如下：

（1）按照网店运营的完整流程来组织内容，结构清晰，逻辑性强。本书以网店运营实际操作流程为主线，系统全面地介绍了网店运营过程中的理论与实际操作，内容涵盖了网店运营过程中的所有流程。

（2）以1+X证书制度为引领，对接网店运营推广职业技能等级证书。本书在调研网店运营岗位的工作任务和职业能力的基础上，依据网店运营课程标准，主动对接网店运营推广1+X职业技能等级证书初级和部分中级内容，补充新技术、新工艺、新规范、新要求，强化网店运营推广职业技能、知识和素养，拓展职业领域和职业能力。

（3）以新形态一体化教材建设为引领，打造丰富的配套教学资源。本书为邮政通信管理高水平专业群资源库配套教材，提供配套的多媒体课件资源、微课资源、视频资源、试题库资源等，资源类型丰富，提高学习的便利性。

（4）校企双元开发教材，及时吸收行业发展新知识、新技术、新方法。

本书由石家庄邮电职业技术学院和校企合作企业共同组织编写。项目三、四由于含编写，项目二由张蕾编写，项目七由张昶编写，项目一、六由苏艳玲编写，项目五由张新编写，吉冬军、薛力峰负责案例的提供和内容的审阅。

由于网店运营的内容时效性较强，加之时间仓促、编者水平有限，书中难免存在不足之处，恳请各位专家、读者批评指正。

编　者

二维码索引

序号	微课名称	二维码	页码	序号	微课名称	二维码	页码
1	开店平台选择		3	7	商品调研分析		56
2	淘宝开店流程		10	8	筛选卖点		57
3	店铺基础设置		13	9	流量的概念及网店流量来源构成		72
4	店铺首页设计原则		31	10	淘宝客的概念及佣金计算		81
5	手机端首页布局		36	11	订单催付要适时		123
6	店铺 Logo 设计		38	12	如何引导顾客修改中差评		127

目　　录

前言

二维码索引

项目一　网上开店 1
　　任务一　开店前筹备 2
　　任务二　申请与开通店铺 10
　　任务三　电子商务法律法规认知 15
　　小结 19
　　实训项目：淘宝网开店 20
　　同步测试 20

项目二　网店设计与装修 23
　　任务一　店铺装修前期准备 24
　　任务二　掌握首页设计原则及布局 30
　　任务三　店铺 Logo 设计 38
　　任务四　店招设计 43
　　任务五　导航设计 46
　　任务六　Banner 设计 49
　　小结 53
　　实训项目：淘宝店铺装修 53
　　同步测试 54

项目三　商品发布 55
　　任务一　商品卖点提炼 56
　　任务二　商品详情页内容规划 60
　　任务三　商品详情页美工设计 61
　　任务四　商品管理 63
　　小结 69
　　实训项目：商品发布 69
　　同步测试 70

项目四　网店推广 71
　　任务一　流量的概念及网店流量来源构成认知 72
　　任务二　自然搜索流量引入 73
　　任务三　付费流量引入 81

任务四　活动流量引入 100
　　任务五　会员流量引入 108
　　小结 114
　　实训项目：商品标题优化 114
　　同步测试 114

项目五　网店客服 117
　　任务一　掌握网店客服必备的知识和能力 118
　　任务二　掌握网店客服沟通技巧 121
　　任务三　退换货冲突处理 124
　　任务四　理性对待中差评 126
　　任务五　网店客服管理 128
　　小结 130
　　实训项目：网店客服模拟实训 130
　　同步测试 131

项目六　网店物流与仓储 133
　　任务一　物流选择 134
　　任务二　物流设置 138
　　任务三　仓储管理 142
　　小结 146
　　实训项目：设置物流服务商和运费模板 146
　　同步测试 147

项目七　网店数据分析 149
　　任务一　了解网店与数据分析的关系 150
　　任务二　熟悉电商数据运营的指标体系 155
　　任务三　掌握常用数据分析工具 163
　　任务四　掌握电商数据挖掘方法 169
　　小结 178
　　实训项目：数据分析实训 178
　　同步测试 178

参考文献 180

Project One

项目一

网上开店

知识目标
- 了解开店基础知识
- 了解不同网店平台的业务模式和特点
- 掌握网店定位方法
- 了解网店货源的渠道
- 了解网店创业计划书的内容
- 了解网上开店的基本流程

能力目标
- 通过网店平台分析,选择适合自己的平台开店创业
- 能够对店铺准确定位,选择合适的产品销售
- 通过网店货源分析,准确选择适合自己网店的进货渠道
- 能够在网店平台申请与开通网上店铺并完善相关信息
- 能够撰写网店创业计划书

任务一　开店前筹备

一、开店基础知识

在激烈的市场竞争中，开店是一门学问。创业者在开店之前需要具备基本的专业知识和管理技巧。

1．电子商务模式

电子商务模式主要包括 B2B、B2C、C2C 等。

（1）B2B：企业与企业之间的电子商务。企业与企业之间的电子商务（Business to Business，B2B）模式是电子商务应用最广泛和最受企业重视的形式，企业可以使用互联网（Internet）或其他网络对每笔交易寻找最佳的合作伙伴，完成从定购到结算的全部交易行为。企业对企业的电子商务交易额大，所需的各种硬软件环境较复杂。其典型代表网站有阿里巴巴的 1688、环球资源网等。很多企业用户，或者从事批发业务的商户，选择在 B2B 平台开网店。

（2）B2C：企业与消费者之间的电子商务。企业与消费者之间的电子商务（Business to Customer，B2C）是消费者利用 Internet 直接参与经济活动的形式，类似于商业电子化的零售商务。随着万维网（WWW）的出现，网上销售迅速发展起来。其代表网站有亚马逊、天猫、京东等。一般企业会选择自己搭建一个 B2C 平台，从事网上销售。

（3）C2C：消费者对消费者的电子商务。消费者对消费者的电子商务（Customer to Customer，C2C）就是通过为买卖双方提供一个在线交易平台，使卖方可以主动提供商品线上销售，而买方可以自行选择商品进行竞价。其代表网站有 eBay、淘宝等。很多小商户和普通创业者会选择在淘宝这类 C2C 平台来开店。

2．适宜网上开店的人群

（1）在校大学生。一方面，在校大学生学业压力小，有时间进行商品采购和网上交易；另一方面，国家和政府也鼓励在校大学生创新创业，而开网店是较好的创业途径之一。

（2）自由职业者。网上开店因为手续简单、投资较少、容易操作成了许多自由职业者的选择。自由职业者业余时间多，有精力和一定的资金来经营网店。

（3）中小商家。很多已经有实体店的中小商家，或者在实体店经营中遇到挫折的商家，都可以利用网店来改变自己的销售现状，扩展销售渠道。

（4）收藏爱好者。收藏爱好者的收藏品往往是一些市场上不容易看到的物品，通过网店进行销售，效果会不错。

（5）拥有特别进货渠道的经营者。因为进货渠道特别，所以这类经营者提供的商品通常价格较低，在网上开店有很大优势，可以获得不错的收入。

3．网上开店需要具备的个人素质

（1）良好的市场判断能力，可以选择出适销对路的商品。

（2）良好的价格分析能力，既要能进到价格尽量低的商品，又要将商品标出一个适宜的出售价格。

（3）良好的网络推广能力，并持之以恒，可以通过各种途径和方法让更多的浏览者进入自己的网店，而不坐等顾客上门。

（4）敏锐的市场观察力，可以随时把握市场的变化，据此调整自己的经营商品与经营方式。

（5）热情的服务意识，可以通过良好的售后服务建立起自己的忠实客户群体。

二、开店平台选择

创业者在网上开店，选择提供网络交易服务的平台是关键。创业者选择好平台后，注册成为会员，依靠平台开设店铺。

开店平台选择

1．网络交易平台简介

（1）淘宝网。淘宝网由阿里巴巴集团于2003年投资创设，并于2014年在纽约证券交易所成功上市，图1-1为淘宝网首页。据官方数据统计，截至2015年年底，淘宝网的注册会员超过8亿人，日均固定用户访问量达6 000万以上。同时，淘宝网日均在线商品数超过8亿件，平均每分钟售出约4.8万件商品，交易金额高达1.5万亿元。

图1-1　淘宝网首页

淘宝信用等级分为红心、蓝色钻石、蓝色皇冠、金色皇冠四档，每档有五个等级。信用度是目前网店诚信交易的参考因素，是需要慢慢积累的。因为只有每一笔交易成功，才可以获得一个评价机会，要想获得好评，卖家必须诚信经营。

目前，淘宝网已成为亚太地区最大的C2C电子商务平台，以其推出的"双11"购物狂欢节、"年货节""造物节"和"618年中大促"等标志性活动而享有极高知名度。淘宝网销量的快速增长除了得益于电子商务市场整体的快速发展以外，还与其在线支付体系、物流体系和领先的营销方式等密切相关。

随着淘宝网规模的扩大和用户数量的增加，淘宝也从单一的C2C网络集市变成了包括C2C、团购、分销、拍卖等多种电子商务模式在内的综合性零售商圈。目前，淘宝网已经成为世界范围的电子商务交易平台之一。

（2）天猫。天猫是阿里巴巴旗下的B2C综合性购物网站，"天猫"原名淘宝商城，

2012年1月11日，淘宝商城正式宣布更名为"天猫"。天猫整合数千家品牌商、生产商，为商家和消费者之间提供一站式解决方案，提供有品质保证的商品、七天无理由退货的售后服务以及购物积分返现等优质服务。2014年2月19日，阿里巴巴宣布天猫国际正式上线，为国内消费者直供海外原装进口商品。2018年11月26日，天猫升级为"大天猫"，形成天猫事业群、天猫超市事业群、天猫进出口事业部三大板块。天猫首页如图1-2所示。

图1-2　天猫首页

（3）阿里巴巴。阿里巴巴自1999年成立以来，发展迅速，是全球著名的B2B电子商务平台，包括全球批发贸易（Alibaba.com）和国内批发贸易（1688.com），也就是国际站和中文站。图1-3是阿里巴巴中文站首页。阿里巴巴旨在面向中小企业推出全球最大的采购批发市场，聚焦解决中小企业采购批发难问题，致力于提升中小企业的竞争力。阿里巴巴网站汇集海量供求信息，是全球领先的网上交易市场和商人社区。阿里巴巴是首家拥有超过1400万网商的电子商务网站，覆盖200多个国家和地区，成为全球商人销售产品、拓展市场及网络推广的首选网站。

图1-3　阿里巴巴中文站首页

2．选择开店平台的原则

了解选择开店平台的原则，能够为创业者网店选择打下基础。

（1）平台技术的稳定安全性。目前，网上开店的平台有很多，但作为一个从事电子商务交易的平台，其技术安全保障一定要过硬，这是创业者在选择平台时需要注意的第一步。

（2）平台的便捷操作性。操作方便不仅是对卖家来说的，买家在购买时操作也要方便。流程简捷、简单易用是创业者在选择平台时需要注意的第二步。

（3）平台发展的长期性。对于想在网上开店的人来说，可持续发展是其在一开始计划经营网店时就应该考虑的，所以在选择平台时要注意平台的长期发展方向。社会随时在变化，电子商务环境也随时在变化，同样，平台要根据社会的变化而变化。因此，卖家要根据电子商务环境及时更新相关平台的产品。平台发展的长期性是创业者在选择平台时需要注意的第三步。

三、选择产品和行业，确定网店定位

网店定位是一个网店开店前所要做的首要任务。对网店进行市场定位，就是寻找网店差异化的过程，也是一个网店在市场中积极寻找自我位置的过程。它确定了网店所要面向的用户群体、网店的风格以及后续的价格和运营策略等。

1．网店市场定位的步骤

（1）确定目标用户群体。目标用户群体的确定，是网店定位的第一步。它确定了网店主要消费者的年龄范围、收入情况、兴趣爱好、价值主张等。与此同时，网店也可以根据消费者的相关数据，实施相关的产品策略、价格策略和运营策略等。

（2）竞争对手调研分析。俗话说，同行是最好的老师。竞争对手的调研分析，对店铺的定位有实际的指导意义。通过搜索引擎、电子商务平台、行业网站访问、搜索相关资讯、直接访问竞争对手网站等来分析竞争对手，确定其商品组成、价格、销售额、营销方法等，然后将自己的网店与竞争对手的网店进行综合比较分析，可以为店铺定位和后期运营提供大量有效数据。

（3）自我优势分析。自我优势分析就是通过竞争对手来重新认识自我的过程。因为一个商品通常是多个因素的综合反映，包括性能、构造、成分、包装、形状、质量、品牌、售后服务、价值主张等。只有通过分析、比较，才能确定自我优势，从而在后期推广和运营时，将其作为主要卖点来宣传，区别于同行竞争对手。

（4）确定网店定位。完成竞争对手调研分析和自我优势分析后，要综合所有分析和各方面调查的结论，为网店确定一个最终的市场定位。然而，同样的调研分析数据，在具体实施中，因为企业注重的方式不同，也有了多种展现形式。

2．市场定位的方式

（1）迎头定位。迎头定位是一种与市场上最强的竞争对手"硬碰硬"的定位方式。这种定位方式有时是一种危险战术，很容易导致失败。但不少卖家认为，这是一种更能激励网店奋发上进的定位，虽然有风险，但一旦成功就会取得巨大的市场优势，产生高额利润和高知名度。新手卖家如果要实行迎头定位，必须知己知彼，尤其要清醒地估计自己的实力。

（2）差异化定位。差异化定位是避开强有力竞争对手的市场定位，找到自己的利基市场。这种定位方式不与强有力的对手直面相对，而是选择在自己有优势的方面入手，从而与竞争对手在不同的竞争层面，完成对竞争对手的超越。它的优点是能够迅速在市场上站稳脚跟，并能在目标顾客群心目中迅速树立自己网店的形象。由于这种定位方式市场风险比较小，成功率较高，常常为大多数新手卖家所采用。

（3）二次定位。二次定位通常是指对销路少、市场反应差的商品进行的重新定位。这种定位方式旨在摆脱困境，重新获得增长与活力。困境的产生可能是决策失误引起的，也可能是竞争对手反击或出现新的竞争对手造成的，还有可能是商品意外地扩大了销售范围引起的，这时就需要二次定位。例如，目标市场为青年人的某款服装却在中老年顾客中流行开来，这种情况就是通过重新定位形成的。

3．网店定位遵循的原则

（1）生产成本。生产成本是企业生产过程中所支出的全部生产费用。当企业具有适当的规模时，产品的成本最低。但不同的商品在不同的条件下有各自理想的批量限度。若超过了这个规模和限度，则成本反而会增加。

（2）机会成本。机会成本是卖家在商品成交后所获得的收入用于其他投资可能会获得的额外收益。机会成本越大，卖家的收益就越高。

（3）销售成本。销售成本是商品流通领域中的广告、推销费用。在市场经济体制下，广告、推销等都是商品实现其价值的重要手段，用于广告、推销的费用在商品成本中所占的比重也日益增加。因此，在确定商品的营销价格时必须考虑销售成本这一因素。

（4）储运成本。储运成本是商品从生产者手中到卖家手中所产生的运输和储存费用。商品畅销时，储运成本减少；商品滞销时，储运成本增加。不管发货的物流费用由谁承担，储运成本最终都包含在商品的综合总价里。

四、确定网店商品和货源

为了今后网店能够运营良好，获得较多利润，网上开店前必须做好充分的市场调研，确定网店要销售的商品和进货渠道。

1．选择适合网上销售的商品

电子商务经过前期的快速发展，已经进入稳定发展期，适合网上销售的商品主要是方便运输、易保存、比较热销的商品。

（1）护肤品类。护肤品、化妆品一直是网上的畅销品类。爱美是人的天性，在护肤品中，以女性的护肤品和化妆品最为畅销。随着男性护肤品的日益增多，男士们越来越注重对皮肤的保养，因此这也是一大卖点，护肤品、化妆品的销售前景非常广阔，利润也很高。由于人们几乎每天都要用护肤品和化妆品，因此，它是生活中的一大消耗品。一旦用户觉得某款护肤品或化妆品好用，就会经常购买和使用，所以护肤品类是持久性需求产品。

（2）服装鞋帽类。服装鞋帽一直是销售的热门商品，其中女装和女鞋是热销商品。女性的商品一直销售得比较好，女性喜欢逛街，所以女装、女鞋是不错的选择。另外，服装和鞋子的销售限制相对较少，比如生产日期、运输、保质期、易碎等问题。但是，服装和鞋子有大小、尺码的限制，款式方面也有诸多讲究，这些问题导致服装和鞋子很少能长期留住顾客。目前来看，明星穿过的款式更能吸引顾客。

（3）珠宝饰品类。珠宝和饰品的市场很大，女性饰品的种类、数量较多，为了搭配不同的衣服、不同的场合，饰品的佩戴选择也会有所不同。赠送礼物时，饰品往往也是优先选择的对象，因此，饰品的市场前景非常广阔。但是选择销售饰品时，店主一定要有品位，要能跟上时代发展和潮流趋势，只有店家所卖的饰品够新颖、够时尚、够精致，才能使顾客满意。在运输配送上，饰品需要轻拿轻放，因此，经营这类商品必须要小心谨慎。

（4）箱包类。箱包的种类很多，是人们出行的必备品。女包是箱包中较好销售的一类，不同的场合、不同的衣服、不同的饰品、不同的季节，都需要搭配不同的包，所以通常女性会有很多包，永远都觉得包少，见到合适的就会买。包和服装一样方便运输，不会过期。生活中用包作为礼物赠送给朋友、亲人也是很普遍的现象，箱包的市场非常广阔。

（5）书籍。书籍之所以适合在网上销售，是因为首先其基本要素如封面、作者、版次、出版社、目录、页数、简介等能够清晰地显示在网页上，顾客可方便地了解到书籍的情况，而书籍的实际情况也与描述情况基本相似，这就符合了顾客的期望值；其次价格优惠，消费者可以获得更多折扣，二手书更是如此，让价空间更大，顾客的购买力也相对提高；最后，书籍的运输也相对简单便捷，不容易受损。亚马逊和当当网都是以书籍销售起家的。

（6）电子产品类。人们的日常生活离不开电子产品，因此电子产品的销售群体也很大，在电子产品中手机的销售量最大，现在几乎每人一部手机，而且随着手机款式和功能的更新，很多人变成了"手机控"。这部分消费者不会错过任何一款好的、流行的手机，所以手机的市场非常大。但是经营电子产品一定要注重商品的质量，平时多收集市场信息，要能跟上潮流和时尚，及时找到将要面世的电子产品的进货渠道。

（7）家居用品类。家居用品也是日常消费品，需求量大，市场容量大。但商品要有特色、价格要有优势才行。选择这类商品的卖家可以多参加淘宝网上的促销平台，增加人气和销售量，其中最主要的是质量一定要好，只有这样才能留住客户，并发展出固定的客户群。

（8）虚拟商品类。这一类商品是名副其实的网上商品，如手机充值、游戏点卡、信息服务等。此类商品不用考虑运输配送，不存在退款、退货问题，所以纠纷相对较少。但是进货渠道不好掌控。

2. 选择适合自己的商品

除了要选择比较热门的网店商品，另外一个重要原则就是选择适合自己的商品，即选择自己熟悉的、接触过并且喜爱的商品。

（1）利用独特的地理特产优势。除了选择现在比较热卖的商品，还可以选择自己所在地特产作为商品进行销售，这些特产已经有了名气，不需要太多的宣传就可以达到预期效果。例如新疆的干果、南京的咸水鸭等。这类商品竞争对手少，实体店不容易买到，价格较高。但特产的销售也有一定的弊端，比如部分商品不易运输、商品量需求有限、消费群体窄等。

（2）选择自己熟悉的商品。很多人开了网店后，无人问津，没有销量。部分原因是卖家不熟悉自己所选择的商品。如果店主是珠宝设计出身，自身已经具备了对珠宝的评价与选择能力，那么就非常适合珠宝销售。

（3）选择有特色的商品。卖家可以销售有特色的商品。这类商品与众不同并且新颖，能够吸引客户，增加人气，提高知名度，从而使卖家赚取更高利润。

3．网店寻找货源的渠道

开网店，货源的选择一直是一个让人担忧的问题，并不是因为找不到货源，而是如何用最经济的方法进到最好的货品。而货品的质量和价格又直接关系到网店的生存和发展。如何找到一个有竞争力和有保障的货源，同样是很多卖家关注的问题。

（1）自有资源。自有资源是指不需要通过外界，而是凭自己的专业、手艺、创作、创意提供产品，如网店美工设计、商品图品拍摄、手工编制产品、专业翻译等。

（2）在采购网站上寻找货源。阿里巴巴是全球最大的网上贸易市场，拥有近千万的用户群体。网店卖家也可以用阿里旺旺通过阿里巴巴中的货源渠道进行联系。当然还有一些其他的比较好的批发网站，如中国物流与采购网、慧聪网、环球资源网等，都具有各自的特点，但是在规模和影响力方面与阿里巴巴相比还有一定的差距。

无论从"量小、次多"这个特点上讲，还是从效率和速度上讲，通过网上进货已经成为越来越多网店店主的首要选择，虽然选择网上进货存在一定的风险，但是与传统进货渠道相比，网上进货还是占有非常明显的优势。

网店店主从网上进货需要注意的是，"货比三家"是永远不变的道理，不只比价格，还要比质量和诚信。一定要注意卖家的信用，阿里巴巴诚信通指数只是一个方面，也可以参考别的买家对其商品的评价。最好使用支付宝之类的第三方交易平台进行交易，这样可以有效地防止网络诈骗。如果是大宗货物交易，一定要立下书面合同，维护自身的合法权益。学习是成本最低的防骗方法。不仅要向同行学习，还要多逛逛阿里巴巴论坛，那里有很多防骗的专题，可以给网店店主提供借鉴。

（3）从批发市场寻找货源。批发市场是常见的进货渠道。在批发市场进货需要强大的议价能力，力争将批发价压到最低，同时要与批发商建立良好的合作关系。义乌、广东和上海有比较大的批发市场。义乌小商品市场久负盛名，但是随着义乌的发展，一般的小单他们逐渐不接了，加上外贸销售不错，因此义乌进货一般起订量较大。另外，义乌市场的饰品以外贸为主，一般档次低，难以卖出好价钱。广东和上海的批发市场大多是代理商在做，价格优势不明显，并且起订量也较大。

（4）从厂家寻找货源。从厂家进货也是一个常见的渠道。从厂家进货，网店店主可以拿到更低的进货价，但是一次进货金额通常要求比较高，增加了经营风险。

五、撰写网店创业计划书

在研究开店平台、确定网店定位和网店货源的基础上开始撰写网店创业计划书。网店创业计划书是整个创业过程的灵魂，其主要内容包括店铺介绍、创业团队情况、市场环境分析、店铺定位、货源定位、经营管理、运营管理和财务预算。在创业过程中，这些都是不可或缺的元素。

下面是网店创业计划书的一个简单模板：

1．店铺介绍

店铺名字：

店铺地址：

主营商品：

店铺定位：

目　　标：

主要货源：（　　）线下批发市场　　（　　）实体店拿货　　（　　）阿里巴巴批发

　　　　　（　　）分销/代销（　　）自己生产　　（　　）代工生产

　　　　　（　　）货源还未确定

是否有实体店：（　　）是　（　　）否

是否有工厂或仓库：（　　）是　（　　）否

2．创业团队情况

以往的创业或开店情况及经验（包括时间）：

教育背景，所学习的相关课程（包括时间）：

创业团队优势：

3．市场环境分析

（1）选定行业或产品。

（2）市场环境调研分析。

① 外部环境分析：宏观环境（政治、经济、社会文化、技术、生态环境）、行业环境（新进入者、替代者、供应者、购买者、竞争者）。

② 企业内部环境分析：企业资源。

（3）SWOT 分析。给出结论性总结。

4．店铺定位

（1）目标客户描述。要求：越具体越好。例如性别、年龄范围、收入情况、兴趣爱好、价值主张。

（2）竞争对手分析。例如主要竞争对手的网店名称、网店地址、主营产品、价格区间、销售额、优劣势。

（3）自我优势分析。从产品的性能、构造、成分、包装、形状、质量、品牌、售后服务、价值主张进行分析。

（4）提炼不一样的店铺定位。

5．货源定位

（1）货源特点、优势。

（2）货源渠道分析。

（3）商品定价。

6．经营管理

（1）店铺装修。

（2）商品上传。

（3）商品管理。

（4）客户管理。

7．运营管理

（1）产品策略。

（2）促销策略。

（3）推广策略。

8．财务预算

（1）固定资产。

（2）成本。

（3）资金。

任务二　申请与开通店铺

网上开店操作其实很简单，各个电子商务平台略有不同，下面以淘宝网为例来操作。

淘宝开店流程

一、个人店铺申请与开通

（1）注册淘宝账号。登录淘宝网首页（https://www.taobao.com/），单击"免费注册"，填写注册信息，设置密码、邮箱等，如图1-4所示。

图 1-4　填写注册信息

（2）登录淘宝账户，申请开店。登录淘宝账户，单击顶部菜单栏"免费开店"。然后选择"个人店铺入驻"，申请个人店铺入驻，如图 1-5、图 1-6 所示。

图 1-5　申请免费开店

图 1-6　申请个人店铺入驻

（3）输入店铺名称，完成支付宝认证，然后使用手机淘宝或者千牛 App 进行淘宝实人认证（注意：手机淘宝认证时需要登录的账号就是要进行开店的账号），实人认证只需要进行人脸认证，如图 1-7 所示。

图 1-7　支付宝实名认证和淘宝实人认证

（4）淘宝实人认证通过之后，单击"同意协议"，0 元免费开店，即可开店成功。

二、企业店铺申请与开通

（1）注册淘宝网企业账号，如图 1-8 所示。

图 1-8　注册淘宝网企业账号

（2）登录淘宝账户，申请开店。登录淘宝账户，单击顶部菜单栏"免费开店"。然后选择"企业店铺入驻"，申请企业店铺。绑定支付宝企业账户。

（3）支付宝企业账户完成支付宝商家认证。

（4）输入店铺名称，完成支付宝认证，然后使用手机淘宝或者千牛 App 进行淘宝实人认证（注意：手机淘宝认证时需要登录的账号就是要进行开店的账号）。如果是法人认证，只需要进行人脸认证；如果是非法人认证，则需要人脸认证并上传身份证正反面照片。

（5）淘宝实人认证通过之后单击"同意协议"，0 元免费开店，即可开店成功。

> **注意**
>
> 企业支付宝商家认证必须由企业法人完成，淘宝实人认证可以由企业法人完成，也可以由店铺运营人完成。

三、店铺基础设置

注册开店成功后，首先确定店铺名称，然后完善店铺相关信息。

店铺基础设置

1. 确定店铺名称

店铺名称力求简洁，它不仅仅是一家店的代号，更是外观形象的重要组成部分。从一定程度上讲，好的店铺名称能迅速地把店铺的经营理念传递给消费者，增强感染力。

确定店铺名称有以下几点注意事项：

（1）名称言简意赅。店铺名称要响亮、上口、易记，这样才便于传播。要做到这一点，不仅要讲究语言的韵味与通畅，还要抓住消费者的心理需求与精神需求。凡是能与消费者心理产生共鸣的名称，一般都容易被消费者记住，人们也乐于传播，特别是一些比较幽默、具有深厚内涵的名称。相反，如果店铺名称拗口，则人们一般不会向他人介绍。

（2）名称与产品特性相辅相成。店铺名称不能含糊，不仅要讲究通俗易懂、朗朗上口这些要点，更重要的是能体现商品的消费特征，包括经营商品、经营风格等方面。例如"辉煌"与"明亮"都容易让顾客与"灯"产生联想。所以，店铺名称一定要结合所经营服务的项目和所面临的消费群体，不宜随意起一个空而大的名字。

（3）名称易于传播。小店铺面对的是大众消费群体，在命名时尽量通俗易懂，切莫咬文嚼字，也不建议使用繁体字，繁体字固然新颖，但有很多顾客不会辨认繁体字，顾客碰上不认识的繁体字，无法叫出店铺名称，会影响店铺在消费者中的口碑传播。当然，店铺名称虽然讲究通俗，但不要通俗过甚而成庸俗。

2. 店铺名称的文字设计

店铺名称确定后，需要对店铺名称的文字进行设计。店铺名称的文字设计日益被经营者重视，在店铺名称的文字设计中应注意以下几点：

（1）美术字和书写字要注意大众化，中文和外文美术字的变形不要太花、太乱、太做作，书写字不要太潦草，否则这样反而不易辨认。

（2）文字内容必须要与本店所销售的商品相吻合。

（3）文字尽可能精简，既要内容立意深远，又要顺口，易记易认，使消费者一目了然。

（4）店铺名称的字形、大小、色彩和位置应有助于店招的正常使用。

3. 店铺信息完善

确定店铺名称、进行文字设计之后，需要进一步对店铺的基本信息进行完善。店铺基本信息的完善对于卖家而言十分重要。店铺信息不仅能够全面地展现店铺的经营类别，而且可以直观地宣传企业店铺的特点，这样店铺才能有效运营。

需要完善的店铺基本信息主要包括店铺名称、店铺标志、店铺简介、经营地址、主要货源、店铺介绍等，如图1-9所示。

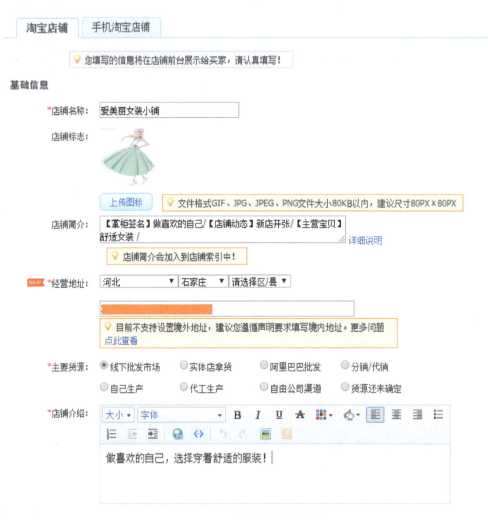

图1-9　店铺基本信息完善

任务三　电子商务法律法规认知

一、电子商务法的立法进程

2000年12月，第九届全国人民代表大会常务委员会第十九次会议通过了《全国人民代表大会常务委员会关于维护互联网安全的决定》；2004年8月，第十届全国人民代表大会常务委员会第十一次会议通过了《中华人民共和国电子签名法》；2012年12月，第十一届全国人民代表大会常务委员会第三十次会议通过了《全国人民代表大会常务委员会关于加强网络信息保护的决定》。

2013年12月7日，全国人大常委会在人民大会堂召开了电子商务法第一次起草组会议，正式启动了电子商务法的立法进程。12月27日，全国人大财政经济委员会在人民大会堂召开电子商务法起草组成立暨第一次全体会议，正式启动电子商务法立法工作。

2014年11月24日，全国人大常委会召开电子商务法起草组第二次全体会议，就电子商务重大问题和立法大纲进行研讨。起草组明确提出，电子商务法要以促进发展、规范秩序、维护权益为立法的指导思想。

2015年1月至2016年6月，起草组开展并完成电子商务法（草案）起草工作。2016年12月19日，第十二届全国人民代表大会常务委员会第二十五次会议上，全国人大财政经济委员会提请审议电子商务法（草案）。2016年12月27日至2017年1月26日，电子商务法在中国人大网向全国公开电子商务立法征求意见。2018年6月19日，电子商务法（草案三次审议稿）提请第十三届全国人民代表大会常务委员会第三次会议审议。2018年8月27日至8月31日，第十三届全国人民代表大会常务委员会第五次会议对电子商务法（草案）进行四审。

2018年8月31日，第十三届全国人民代表大会常务委员会第五次会议通过了《中华人民共和国电子商务法》（以下简称《电子商务法》），并于2019年1月1日起施行。

二、电子商务法对电商行业的影响

1. 填补了电子商务行业的法律空白

伴随着互联网的快速发展，近年来电子商务在我国发展迅猛，但相关的法律规范和监管相对滞后。电商行业乱象屡屡被曝出，刷单、擅自改差评、卖假货、快递损坏、"大数据杀熟"等现象层出不穷。虽然电商平台企业已采取相关措施加以管理和约束，但效果并不明显。《电子商务法》实施后，整个电商行业将有法可依。

2. 肯定了电子商务行业市场经济的地位和作用

（1）线上线下、融合发展。《电子商务法》明确指出，国家平等对待线上线下商务活动，促进线上线下融合发展，各级人民政府和有关部门不得采取歧视性的政策措施，不得滥用行政权力排除、限制市场竞争。同时，《电子商务法》还支持电子商务与各产业融合发展。

（2）电子商务将被纳入国民经济和社会发展规划。《电子商务法》明确指出，国务院和省、自治区、直辖市人民政府应当将电子商务发展纳入国民经济和社会发展规划，制定科学合理的产业政策，促进电子商务创新发展。

3．提供了电子商务行业制度保障和支持

（1）加强电子商务行业行为规范的监管。《电子商务法》出台了相关规定，重塑了对我国电商乱象的处罚条件，从各个方面规范了电商运营秩序。除了传统电商平台，《电子商务法》还将微商、个人海外代购等过往界定模糊的经营行为纳入电商经营领域。

（2）加强电子商务行业不法行为的处罚。《电子商务法》除了详细规定电商经营者的法律责任，还明确了电商经营者不法行为的惩戒措施。电子商务经营的违法成本将大幅提高，更好地保护线上消费者的权益，促进电子商务的良性发展。

4．促进了电子商务行业的长远发展

（1）推动电子商务诚信体系化建设。《电子商务法》第三条、第五十八条、第六十六条、第七十条等规定，推进电子商务诚信体系建设，鼓励电子商务平台经营者建立商品、质量担保机制，加强电子商务标准体系建设，支持开展电子商务信用评价等。这为我国电子商务行业未来的发展打开了体系化建设的大门。

（2）推动电子商务行业相关支持部门的组织体系化建设。《电子商务法》规定，国务院有关部门按照职责分工负责电子商务发展促进、监督管理等工作。县级以上地方各级人民政府可以根据本行政区域的实际情况，确定本行政区域内电子商务的部门职责划分。国家建立符合电子商务特点的协同管理体系，推动形成有关部门、电子商务行业组织、电子商务经营者、消费者等共同参与的电子商务市场治理体系。这为电子商务行业组织的工作开展提供了指向性意见。

（3）打开电子商务行业国际化发展的新时代。《电子商务法》第七十三条规定，国家推动建立与不同国家、地区之间跨境电子商务的交流合作，参与电子商务国际规则的制定，促进电子签名、电子身份等国际互认。这推动了我国电子商务企业的国际化发展。

三、电子商务法对平台经营者的影响

电子商务法对于电商平台的责任和义务做了更为清晰与严格的界定，如平台交易规则等更改需要公示七天以上、不得删除评价、电商订单至少要保存三年等，这对电商平台经营者提出了新的要求。

（1）电商平台有义务保障消费者人身财产安全，否则将承担连带责任。《电子商务法》第三十八条规定，电子商务平台经营者知道或者应当知道平台内经营者销售的商品或者提供的服务不符合保障人身、财产安全的要求，或者有其他侵害消费者合法权益行为，未采取必要措施的，依法与该平台内经营者承担连带责任。对关系消费者生命健康的商品或者服务，

电子商务平台经营者对平台内经营者的资质资格未尽到审核义务，或者对消费者未尽到安全保障义务，造成消费者损害的，依法承担相应的责任。

（2）电商订单等信息可追溯，至少保存三年。《电子商务法》第三十一条规定，电子商务平台经营者应当记录、保存平台上发布的商品和服务信息、交易信息，并确保信息的完整性、保密性、可用性。商品和服务信息、交易信息保存时间自交易完成之日起不少于三年。第五十三条规定，电子支付服务提供者应当向用户免费提供对账服务以及最近三年的交易记录。这意味着，消费者至少可以查询三年以上的订单、支付记录，买了多少东西、花了多少钱将一目了然。

（3）平台交易规则等更改需公开征求意见且至少公示七日。《电子商务法》第三十四条规定，电子商务平台经营者修改平台服务协议和交易规则，应当在其首页显著位置公开征求意见，采取合理措施确保有关各方能够及时充分表达意见。修改内容应当至少在实施前七日予以公示。这对电商平台经营者随意更改交易规则等做了有效限制，依附于平台的电商经营者、消费者的权益将得到进一步保护。

（4）电商平台不得对交易价格等附加不合理限制，卖家自主权得到提升。《电子商务法》第三十五条规定，电子商务平台经营者不得利用服务协议、交易规则以及技术等手段，对平台内经营者在平台内的交易、交易价格以及与其他经营者的交易等进行不合理限制或者附加不合理条件，或者向平台内经营者收取不合理费用。这意味着，卖家被平台挟持、要求限定价格销售，或每逢大促、平台间互相竞争而牺牲卖家利益等现象，将得到有效遏制。

（5）信用评价体系将更加健全，平台不得删除评价。《电子商务法》第三十九条规定，电子商务平台经营者应当建立健全信用评价制度，公示信用评价规则，为消费者提供对平台内销售的商品或者提供的服务进行评价的途径。电子商务平台经营者不得删除消费者对其平台内销售的商品或提供的服务的评价。

（6）知识产权保护加码，假冒伪劣产品空间将进一步受挤压。《电子商务法》第四十一条至第四十五条明确了电商平台经营者对知识产权保护的相关义务与责任，假冒伪劣产品的生存空间将进一步受到挤压。其中，第四十五条规定，电子商务平台经营者知道或者应当知道平台内经营者侵犯知识产权的，应当采取删除、屏蔽、断开链接、终止交易和服务等必要措施；未采取必要措施的，与侵权人承担连带责任。

四、电子商务法对店铺经营者的影响

对于电商经营者而言，电子商务法从多个维度设置了法规准绳，用于促进他们遵守法律与商业道德，规范电子商务行业管理，进一步打造公平合理的市场竞争环境。

（1）淘宝店、微商等自然人经营者都将需要进行工商登记，依法纳税。《电子商务法》第十条、第十一条明确规定，电子商务经营者应当依法办理市场主体登记，应当依法履行纳税义务，并依法享受税收优惠。

（2）在首页显著位置亮证成为必选项。《电子商务法》第十五条、第十六条规定，电子商务经营者应当在其首页显著位置，持续公示营业执照信息、与其经营业务有关的行政许可信息。电子商务经营者自行终止从事电子商务的，应当提前 30 日在首页显著位置持续公示有关信息。这类似于线下实体店的持证经营与注销公示。

（3）刷单、刷评价等行为将涉嫌违法。《电子商务法》第十七条规定，电子商务经营者不得以虚构交易、编造用户评价等方式进行虚假或者引人误解的商业宣传，欺骗、误导消费者。这意味着，刷单、刷评价等行为不但违反平台规则，而且是违法的。

（4）物流破损、快递丢失等运输风险将由卖家承担。《电子商务法》第二十条规定，电子商务经营者应当按照承诺或者与消费者约定的方式、时限向消费者交付商品或者服务，并承担商品运输中的风险和责任。但是，消费者另行选择快递物流服务提供者的除外。以前有关运输纠纷的默认处理方式是，卖家与买家一方作为主体，向承运方发起追责，现在则明确界定了由卖家承担运输风险。

（5）竞争环境更为公平，排除、限制竞争的行为受到遏制。《电子商务法》第二十二条规定，电子商务经营者因其技术优势、用户数量、对相关行业的控制能力以及其他经营者对该电子商务经营者在交易上的依赖程度等因素而具有市场支配地位的，不得滥用市场支配地位，排除、限制竞争。这对于中小型电商经营者更具保护意义。

（6）经营者档案需要定期核验更新，电商平台责任更大。《电子商务法》第二十七条规定，电子商务平台经营者应当要求申请进入平台销售商品或者提供服务的经营者提交其身份、地址、联系方式、行政许可等真实信息，进行核验、登记，建立登记档案，并定期核验更新。这意味着，开店后如果出现商标失效、转让等情况，店铺将可能随时被清退，而不是等到每年续签时。

（7）直通车等竞价排名要显著标明"广告"，明示消费者。《电子商务法》第四十条规定，电子商务平台经营者应当根据商品或者服务的价格、销量、信用等以多种方式向消费者显示商品或者服务的搜索结果；对于竞价排名的商品或者服务，应当显著标明"广告"。这意味着，以前隐藏在搜索结果页中的直通车等广告形式，将以广告的形式明示消费者。

（8）价格标错也算数，契约精神得到彰显。《电子商务法》第四十九条规定，电子商务经营者发布的商品或者服务信息符合要约条件的，用户选择该商品或者服务并提交订单成功，合同成立。当事人另有约定的，从其约定。电子商务经营者不得以格式条款等方式约定消费者支付价款后合同不成立；格式条款等含有该内容的，其内容无效。比如卖家因设置错误，将价值数千元的电脑标价为一元，只要被拍下付款即有效。

（9）跨境电商便利化水平将提升。《电子商务法》第七十一条、七十二条规定，国家促进跨境电子商务发展，建立健全适应跨境电子商务特点的海关、税收、进出境检验检疫、支付结算等管理制度，提高跨境电子商务各环节便利化水平，支持跨境电子商务平台经营者等为跨境电子商务提供仓储物流、报关、报检等服务。跨境电子商务经营者可以凭电子单证向国家进出口管理部门办理有关手续。这意味着，跨境电商经营者在海关、税收、检验检疫等方面的便利化水平将大大提升。

五、电子商务法对消费者的影响

消费者的权益保护在《电子商务法》中得到了更为全面具体的保障。《电子商务法》

从平台义务、发票问题、押金退还等多个维度给出了明确规定。

（1）搜索结果附非个人特征选项，制约"大数据杀熟"现象。《电子商务法》第十八条规定，电子商务经营者根据消费者的兴趣爱好、消费习惯等特征向其提供商品或者服务的搜索结果的，应当同时向该消费者提供不针对其个人特征的选项，尊重和平等保护消费者合法权益。简而言之，如果消费者担心"大数据杀熟"，可以拒绝个性化推荐，而选择相对固定的搜索结果呈现方式。

（2）网购"索要发票难"问题，有望成为历史。《电子商务法》第十四条规定，电子商务经营者销售商品或者提供服务应当依法出具纸质发票或者电子发票等购货凭证或者服务单据。电子发票与纸质发票具有同等法律效力。这就从法律层面明确了电子商务服务过程中的发票事宜。

（3）搭售要显著提示，"默认勾选"被禁止。《电子商务法》第十九条规定，电子商务经营者搭售商品或者服务，应当以显著方式提请消费者注意，不得将搭售商品或者服务作为默认同意的选项。这意味着，买机票被默认搭配保险、订酒店被默认搭配打车券等行为将得到有效遏制。

（4）明示押金退还方式、程序，不得设置不合理条件。《电子商务法》第二十一条规定，电子商务经营者按照约定向消费者收取押金的，应当明示押金退还的方式、程序，不得对押金退还设置不合理条件。消费者申请退还押金，符合押金退还条件的，电子商务经营者应当及时退还。这意味着，消费者的押金退还不会再遥遥无期或处处受阻。

（5）更改订单信息等要求更为方便。《电子商务法》第二十四条规定，电子商务经营者应当明示用户信息查询、更正、删除以及用户注销的方式、程序，不得对用户信息查询、更正、删除以及用户注销设置不合理条件。这意味着，酒店日期订错被扣全款而不让更改的"霸王条款"等行为，将会得到有效遏制。

（6）接收快递时，现场验货受到法律保护。《电子商务法》第五十二条规定，电子商务当事人可以约定采用快递物流方式交付商品。快递物流服务提供者为电子商务提供快递物流服务，应当遵守法律、行政法规，并应当符合承诺的服务规范和时限。快递物流服务提供者在交付商品时，应当提示收货人当面查验；交由他人代收的，应当经收货人同意。这意味着，买家现场拆包验货将得到法律保护。

小　结

本项目主要讲述了开店前筹备、申请与开通店铺和电子商务法律法规。在开店前筹备部分，介绍了开店基础知识、开店平台选择、网店如何定位以及如何选择网店商品和货源。在申请与开通店铺部分，主要讲述了淘宝网个人店铺和企业店铺的申请与开通，以及店铺基础设置。在电子商务法律法规部分，介绍了电商法的立法进程，以及电商法对电商行业、平台经营者、店铺经营者和消费者的影响。

实训项目：淘宝网开店

一、实训目的

培养学生淘宝网开店的基本操作能力，包括淘宝网会员注册、支付宝实名认证、个人店铺申请以及完善店铺基本信息。

二、实训内容

1. 在淘宝网注册会员。
2. 开通支付宝认证。
3. 申请个人淘宝店铺。
4. 完成店铺基础设置，包括确定店铺名称、完善店铺相关信息。

三、实训要求

结合创业时感兴趣的行业和产品特点，完成淘宝网开店操作。

同步测试

一、单项选择题

1. 在网上开店，提供网络交易服务的平台一般不会选择（　　）。
   A．淘宝网　　　　　　　　　　　　B．天猫
   C．阿里巴巴　　　　　　　　　　　D．自建网站
2. 给店铺起名称时注意的事项不包括（　　）。
   A．名称言简意赅　　　　　　　　　B．名称要炫酷
   C．名称与产品特性相辅相成　　　　D．名称易于传播

二、多项选择题

1. 适宜网上开店的人群，一般包括（　　）。
   A．在校大学生　　　　　　　　　　B．自由职业者
   C．中小商家　　　　　　　　　　　D．收藏爱好者
2. 网上开店需要具备的个人素质包括（　　）。
   A．良好的市场判断能力　　　　　　B．良好的价格分析能力
   C．良好的网络推广能力　　　　　　D．敏锐的市场观察力
3. 选择开店平台的原则主要包括（　　）。
   A．平台技术的稳定安全性　　　　　B．平台的便捷操作性
   C．平台发展的长期性　　　　　　　D．平台的优惠政策

4．网店定位遵循的原则主要有（　　　）。

　　A．生产成本　　　　　　　　B．机会成本

　　C．销售成本　　　　　　　　D．储运成本

三、简答题

1．简述网店市场定位的步骤。

2．简述市场定位的方式。

3．如何选择适合自己的商品？

Project Two

项目二

网店设计与装修

知识目标

- 了解视觉营销的基本元素
- 理解分类导航的不同作用
- 掌握常见促销区的设计思路

能力目标

- 能使用店铺装修模板,能根据店铺与产品定位,设计店铺类型与风格
- 掌握店招、导航的设计方法
- 会根据店铺营销需求设计轮播图与促销区

网店就相当于企业的一个线下门店，在店铺申请成功后不能直接使用，需要对店铺进行装修。网店装修是指在网店平台允许的结构范围内，通过图片、网页、程序模板等形式使店铺更加丰富美观，提高店铺的实用性和引导性，以此来达到店铺产品更好的营销效果的一种手段。

店铺装修在前期准备中占用的工作量很大。装修好的网店能够直接影响消费者的体验，因此，网店装修非常重要，需要用心设计和实施。

任务一　店铺装修前期准备

在进行店铺装修前，需要对店铺面向的消费人群进行调研，研究消费人群的喜好，进而结合主营商品确定店铺的整体定位和风格。

一、视觉营销

"视觉营销"概念产生于20世纪70年代—80年代的美国，是作为零售销售战略的一环登上历史舞台的。企业通过其标志、色彩、图片、广告、陈列、橱窗等一系列的视觉展现，向消费者传达产品信息、服务理念和品牌文化，能够在很大程度上促进销售，树立企业形象和品牌形象。视觉识别（VI）系统是用完整的视觉传达体系，将企业理念、文化特质、服务内容、企业规范等抽象语意转换为具体符号的概念，塑造出独特的企业形象。在进行店铺装修时，需要确定店铺的专属VI。店铺专属VI主要是以标志、标准色彩、标准字体为核心展开的完整的视觉传达识别体系。店铺专属VI的作用主要是规范店铺的装修，帮助消费者记忆，树立并强化店铺的品牌形象。

1. 视觉营销概述

和实体店铺相比，网上店铺的视觉营销的途径相对较少，主要体现在网店的装修风格方面。装修美观的店铺，不但可以帮助消费者记忆、梳理和强化店铺品牌形象，起到品牌识别的作用，进而产生心理认同感；还能让买家在浏览店铺的过程中，感受到卖家的品位和店铺的艺术性，增强对店铺的好感和信任感，从而提高店铺的转化率和复购率。

视觉营销中的"视"指的是让消费者看到促销信息并能够在店铺停留，所以吸引消费者的注意力就是关键。由于现在的网店同质化严重，消费者处于麻木的视觉体验阶段。因此，想要留住消费者的第一步就是打造注意力，需要用特别的、有创意的、新颖的设计来吸引消费者的注意力。视觉营销中的"觉"指的是唤醒消费者的记忆点，让消费者记住店铺传递的信息。这时就需要一个浓缩了企业、品牌信息的有效的记忆符号来作为视觉营销的标语。这种标语通过在广告图中使用、在产品展现中使用、在活动中使用，逐渐发展成为企业的价值点，也是品牌传播最简单的记忆点。视觉营销中的"营"指的是营造良好的消费氛围，加强店铺与消费者之间的连接，也就是通过对企业、品牌的塑造来让消费者形成好感度，从而认可企业、品牌所传播出来的价值观。这也是互联网时代发生的最大变化，商品价值开始从"以产品为中心"发展成为"以用户体验为中心"。视觉营销中的"销"指的是给予消费者足够的想象力。这就要求店铺除了为消费者提供物质上的满足,更重要的是提供心理上的满足。因此,在视觉设计上要营造场景,通过轮换广告、商品详情页等展现目标消费群向往的生活,带给消费者最美的憧憬。

2. 视觉营销构成

网店的视觉营销可以从 Logo、色彩和标准字体等方面进行设计,统一风格。

(1) Logo。Logo,也就是标志,是人们在长期的生活和实践中形成的一种视觉化的信息表达方式,是具有一定含义并能够使人理解的视觉图形,具有简洁、明确、一目了然的视觉传递效果。Logo 是在生活实践中经过提炼、抽象与加工,集中以图形的方式表现出来,并且表达一定的精神内涵,传递特定的信息,形成人们相互交流的视觉语言。

一个设计优良的店铺 Logo 可以给消费者提供一个有效的、清晰且亲切的市场形象,是企业自己特有的视觉符号系统,能够吸引消费者的注意力并能产生记忆,促使消费者对店铺提供的商品或者服务产生较高的品牌忠诚度和认可度。

(2) 色彩。色彩的千变万化会影响消费者在浏览店铺时的感受,不同的颜色有其特定的使用范围和表达意境。因此,在做店铺装修时,色彩的选择非常重要,可根据核心消费群体的心理和审美进行分析,比如,少女群体喜欢公主范,可选粉色系,中年群体较为稳重,可选择暗色系,再结合店铺的形象、主营商品、品牌形象和所处的行业为店铺选择合适的色彩。

在确定店铺的标准色彩时可设置一种主色调,比如价格敏感的消费群体更加注重商品的性价比,这类群体的购买力不强,但人数众多,因此面向这类消费群体的店铺在装修时需要注重气氛的烘托,尤其是促销信息的展示,可以选择明亮喜庆的色彩作为店铺主色调,同时辅助 3～5 种搭配色的形式。主色调也就是店铺中展现最多的色系,可与 Logo 色调是同色系。辅助色也称为配色,是占用面积小而精的重要色调。切忌颜色堆砌,这样只会让页面色彩凌乱,无法突出重点。使用色彩超过三种的就可以认定为多色彩,使用多色彩的店铺,其定位一般较为活泼。一般情况下,营销型网站或者促销型页面会使用较多的色彩,高端商品使用的色彩较少。

(3) 标准字体。字体的分类方式很多,从网店设计的角度来讲,常见字体有衬线体、等线体、艺术体和书法体。为了形成统一的视觉营销形象,一般要求标志、色彩、字体的选择是统一的,所以在选择字体时可以参考店铺风格或者营销定位。一般情况下,网店的字体数量不宜超过五种,页面中最好不要出现多种类型的字体。一般除了标题使用手写或艺术体,内页的中英文字体通常使用一种。

二、店铺装修风格[一]

通过视觉元素塑造个性化的风格来给买家留下深刻的印象和良好的购物体验。

在确定店铺的装修风格之前,一定要结合前面的店铺定位,对自己店铺的商品、店铺运营目标等有清晰的认知。在进行店铺定位时,可以根据商品的消费人群、年龄阶层、情

[一] 本部分店铺案例选取时间是 2020 年 9 月 12 日。

感追求进行消费人群的细分,进而找到核心消费群体。在店铺装修时,抓住核心消费群体的心理,使店铺的风格与消费者产生情感共鸣。

在此基础上装修的店铺风格体现了店铺的调性,色彩搭配更加符合店铺主题,体现店铺的品牌文化和形象,便于顾客记忆。

常见的店铺装修风格有以下几种:

1. 复古风格

复古风格有着独特的古典韵味,让消费者有一种恋旧情怀,既容易吸引目光,又能营造浓郁的文化氛围。图2-1为麦学宝家居旗舰店首页。

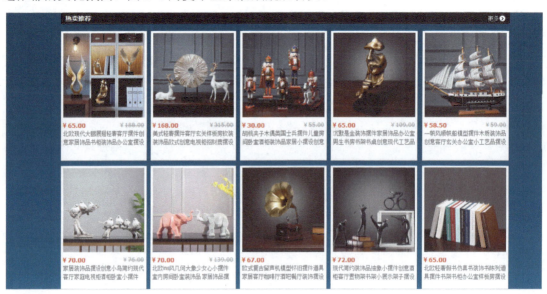

图2-1 麦学宝家居旗舰店首页

2. 简约风格

简约风格的最大特点就是容易让人产生舒适放松的感觉,这种风格非常适合快节奏生活下的都市人群。图2-2为月烨家具旗舰店。

图2-2 月烨家具旗舰店

3. 小清新风格

小清新风格是当下年轻群体较喜欢的风格，它给人一种时尚、浪漫、温馨的感受。近年来，韩式小清新风格在装潢中盛行，韩式店铺装修风格也流行起来。图 2-3 为木茶出品。

图 2-3　木茶出品

4. 地中海风格

地中海风格非常适合儿童网店，这种风格设计主要以海洋的蔚蓝色为基色调来进行颜色的搭配，很好地将自然光线进行巧妙运用。图 2-4 为 mideer 弥鹿旗舰店。

图 2-4　mideer 弥鹿旗舰店

5. 工业风格

当人类进入互联网时代，被工业革命抛弃已久的"个性化"浪潮卷土重来时，工业风格越发受到人们的青睐。工业风格比较适合潮牌网店，图 2-5 为 INXX 官方旗舰店。

图 2-5　INXX 官方旗舰店

6. 极简风格

极简风格代表着极简与克制，是去繁求简的高级智慧，其代表风格是北欧风格和日式风格。图 2-6 为川岛屋日式家居。

图 2-6　川岛屋日式家居

网店的装修风格和格式店铺装修要注意整体的风格统一，卖家可以在店铺运营过程中不断摸索，合理利用买家访问数据，探索适合自己店铺的一套风格，也可以在淘宝中选择适合的风格模板直接使用。

三、认识装修模块

"店铺装修"在"千牛卖家中心"的"店铺管理"中，单击"店铺管理"找到"店铺装修"菜单，如图 2-7 所示。

图 2-7　店铺装修入口

自 2020 年 2 月 12 日起，旺铺智能版实行免费订购（含旺铺专业版所有功能），天猫、淘宝商家可直接"0 元订购"。智能版提供了更丰富的装修功能，提升了店铺的装修效率和数据化运营能力，一钻以下商家智能版免费使用。

旺铺后台主要分为三个区域，分别为菜单区、左侧工具栏、右侧编辑区。菜单区位于页面上部，包括首页、店铺装修、详情装修和素材中心，如图 2-8 所示。

图 2-8　旺铺菜单区

左侧工具栏提供了人群、页面、模板和分类等功能，每个功能下又有详细的页面列表区。例如页面下设店铺首页、微淘、宝贝分类、通用设置和自定义页等，如图 2-9 所示。

选择对应区域，单击"装修页面"进入装修编辑区，如图 2-10 所示。

图 2-9　左侧工具栏

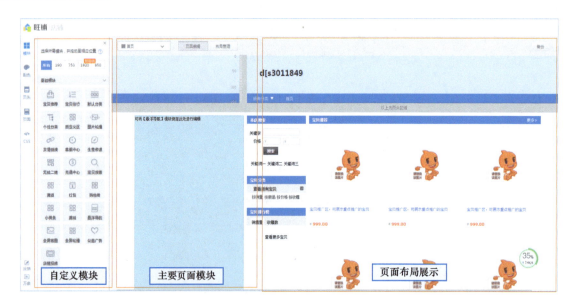

图 2-10　装修编辑区

此外，旺铺智能版店铺装修分为手机端装修和计算机（PC）端装修两种模式。其中，手机端装修可对移动端店铺进行手机淘宝首页（包括视频、活动、新品和买家秀）、微淘、宝贝分类、通用设置（基础设置、店铺印象、店铺搜索、内容管理、好店新客）和自定义页（自定义页和店铺故事承接页）等内容进行装修。PC端装修可对店铺基础页、宝贝详情页、宝贝列表页、自定义页、大促承接页、门店详情页等内容进行装修。

任务二　掌握首页设计原则及布局

与线下实体店相比，淘宝店铺的首页就相当于实体店铺的门面。店铺首页能够体现店铺的形象，实现导购的作用，同时还能传递品牌形象，配合营销活动，展示商品。好的门面能够吸引消费者进入店铺，好的店铺首页同样可以延长消费者的浏览时间。首页设计的好坏直接影响店铺的转化率，店铺的产品陈列、品牌调性的营造等都让店铺形象深入人心，引人注目的商品海报、漂亮的产品搭配、合理的产品陈列，都能激发消费者的购买欲望。

在做店铺的首页设计之前，需要对首页进行规划布局，可以通过浏览其他店铺的方法找到灵感。图 2-11 为柠檬猪小妹品牌文具店铺首页，该店铺首页以蓝色系列为主色调，清新自然；卡通的形象又充满了童真。店招、导航、广告区域的背景图都为同一色系，店铺名称和产品宣传语及卖点非常明显。导航区域与广告图上的宣传文字都选用白色字体，字体圆润，从视觉角度容易辨别信息内容，与商品色调不冲突。

许多消费者是通过单品搜索进入店铺的，着陆页是商品的详情页，但是为了延长用户的浏览时间，在店铺布局时我们需要建立一个流量循环。用户可以通过单品页进入分类页或者首页，进而对店铺的所有页面进行浏览，这时店铺首页就承担了一个店铺分流和导流的交通枢纽的作用。所以，首页的框架布局非常重要。

图 2-11　柠檬猪小妹品牌文具店铺首页

一、店铺首页设计原则

鉴于首页的重要性，在做首页设计时需通盘考虑店铺的整体定位，与店铺整体风格一致，且主要信息应该在首页上突出显示。如图 2-12 所示，该店铺的店招区域非常明显地告知客户店铺的定位，即店铺的主营商品是生活木器。分类导航重点突出店铺活动和淘宝"双 12"活动，刺激用户提前关注。图片轮播区域三张主图统一采用比较淡雅的主题风格，内容也与淘宝"双 12"促销相关。店铺首页给人的整体感觉是简洁和纯净。

店铺首页设计原则

图 2-12　淘宝店铺壹贰首页

1．页面细节统一

在做店铺装修前应该充分了解店铺的定位，比如针对的人群、商品的价格、消费人群的特征以及消费诉求等，在此基础上进行装修设计，能够满足核心消费人群的需求。店铺所有页面应该细节统一，店铺的模块排列、产品摆放等布局要保持一致，比如一般情况下高端消费人群的购买能力较强，他们在浏览商品时会关注商品的品位和装修的档次，希望找到相同群体的归属感，所以面向这类消费群体的店铺在装修时需要做好心理分析和色彩分析。

2．页面设计风格统一

确定店铺的装修风格后，在做店铺装修时需要注意文字、图片、样式和颜色搭配等风格元素的统一。店铺的装修主题色调最好能与品牌的形象色彩一致，这样能让消费者对品牌保持特殊记忆。

3．页面跳转迅速

页面跳转的速度决定了店铺的顾客流失率和消费者在店铺的停留时间。快速的页面跳转往往能够提升买家的体验感，相反，缓慢的页面跳转往往会导致买家失去浏览的耐心。所以，在做店铺装修时，尤其是跳转链接，在合适的显示要求下，缩小图片尺寸、避免链接信息过多、减少动画的使用等都能提高页面的跳转速度。

4．"黄金三屏"原则

在进行店铺的首页设计时需注意"黄金三屏"原则。这里的"一屏"指的是一个屏幕高度看到的内容，比如显示器显示的高度或者手机显示屏显示的高度，所以"三屏"就是三个屏幕高度看到的内容。根据数据统计，消费者在前三屏的点击次数明显高于后面的页面，所以在装修时一般将店铺中最想让消费者了解的信息和主推的商品安排在前三屏，比如店铺的爆款、新品或者促销信息。店铺首页第一屏一般由店招、导航和图片轮播构成，第二、三屏则主要展示店铺推荐、店铺新品和热销商品。在设计主推区时要注意区分产品的主次，利用视觉动线、颜色和尺寸的变化等视觉手段将店铺流量引导到爆款和利润款商品上。

二、PC 端首页布局

作为店铺分流和导流的交通枢纽，店铺首页一般会展示店铺形象、品牌风格、推荐商品、促销活动及重要信息。根据在首页中所处的位置不同，可以将店铺首页分为页头、内页和页尾三个区域，如图 2-13 所示。

店铺页头由店铺招牌和导航两部分组成。店铺招牌的主要作用是展示店铺的形象和商品的定位。导航则是通道最集中的模块，提供通往不同商品分类和页面的入口。此外，店铺页头上还可以设置搜索框。店铺内页可以设置图片轮播、宝贝推荐、宝贝分类（竖向）、宝贝排行榜、客服中心等基础模块，可根据店铺需求及顾客使用习惯自行设置。店铺页尾也很重要，但容易被卖家忽略。店铺页尾是一个公用的固定区域，没有预置的模块设置。店铺页尾一般使用自定义区域，设置后会出现在店铺的每一个页面。卖家可以根据店铺需求添加图片、文字、代码等。店铺页尾主要提供服务信息和导航功能两个方面的内容。其中，服务信息包括品牌故事、客服联系方式等内容，导航功能则包括商品分类、返回按钮等链接。

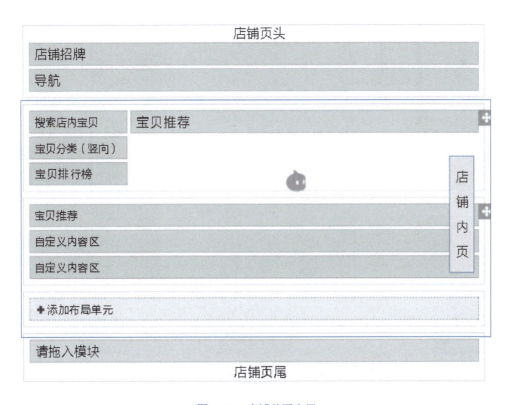

图 2-13　店铺首页布局

PC 端店铺有几个装修模块比较常用，入口均为"千牛卖家中心"→"店铺管理"→"店铺装修"→"PC 端"→"基础页"，找到要装修的首页，单击"装修页面"。

1．客服中心

将基础模块中的"客服中心"模块拖动到右侧页面编辑区的内页区域，单击"编辑"设置工作时间、旺旺分组和联系方式，如图 2-14 所示，进行客服中心装修。店铺装修设置"客服中心"之前需要先由主账号进入"千牛卖家中心"→"子账号管理"→"客服分流"→"分组设置"中创建分流组，在分流组内添加账号（建议分流组内添加的账号中至少有一个账号保持千牛在线）。

图 2-14　客服中心参数设置界面

2. 图片轮播

将基础模块中的"图片轮播"拖动到右侧页面编辑区中的内页区域，单击"编辑"后，可以选择需要的图片和链接。该模块最多支持五张图轮播，每张图可添加一个链接，图片轮播效果如图 2-15 所示。

图 2-15　图片轮播效果

3. 宝贝推荐

将基础模块中的"宝贝推荐"拖动到右侧页面编辑区的内页区域，单击"编辑"按钮对宝贝推荐区进行编辑，编辑页面如图 2-16 所示。"宝贝推荐"主要是针对想推荐的某一个分类下宝贝的卖家需求。该模块可以设定"自动推荐",根据宝贝分类进行快速展示,可以通过标题关键字或价格范围缩小展示宝贝的区域,进行细分;还可以选择宝贝推荐区展示的宝贝数量,最大展示量为 28 个。在显示设置页面可以对是否显示标题、展示方式、是否显示及排序方式进行设定。该模块还可以设定"手工推荐",根据店铺商品所处的类目自行设定,更加自由。设定"手工推荐"时,不再局限于只展示宝贝分类下的宝贝,可以选择所有分类下的不同宝贝推荐,共可推荐 28 个宝贝。

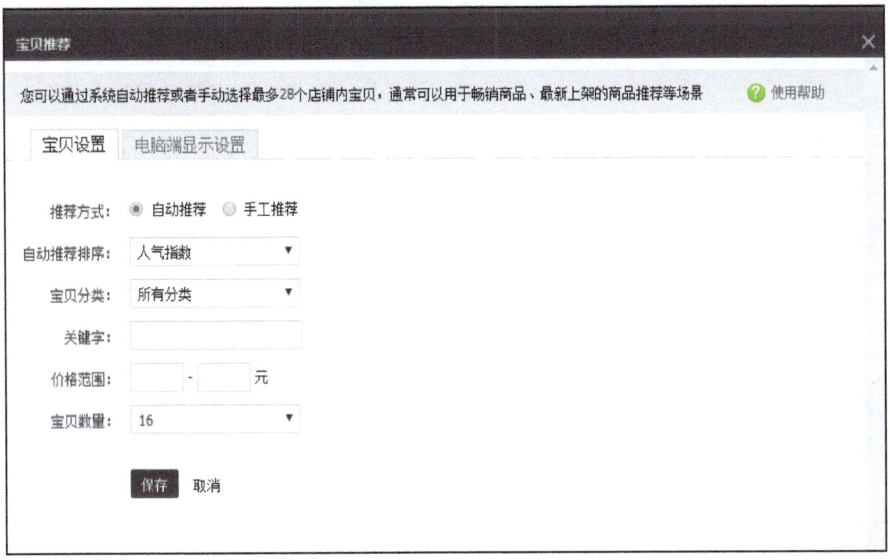

图 2-16　宝贝推荐编辑页面

4. 店铺招牌

从基础模块中找到"店铺招牌",并将其拖动到右侧店铺页头位置,单击"编辑"按钮即可进入招牌内容的设置页面,如图 2-17 所示。在设置招牌内容时需选择招牌类型、店铺名称,上传背景图。

图 2-17　店铺招牌上传页面

三、手机端首页布局

手机端首页布局包括店招模块、宝贝排行榜、猜你喜欢、全部和底bar五部分，如图2-18所示。

手机端首页布局

图2-18 手机端店铺首页布局

手机端店铺有几个装修模块比较常用（见图2-19），入口均为"千牛卖家中心"→"店铺管理"→"店铺装修"→"手机端"。找到要装修的首页，单击"装修页面"。

图2-19 手机端店铺装修常用模块

1. 标题模块

装修入口：在"图文类"中找到"标题模块"，并将其拖动到首页需要的位置进行装修。标题模块可以为模块增加标题和标题链接，其中标题最多为 20 个字符。

2. 宝贝合集

在"默认分组"中找到"视频模块"，拖动到首页需要的位置进行装修，如图 2-20 所示。视频模块支持上传视频，并可在视频中增加边看边买、价格标签、优惠券、红包、抽奖等互动内容，引导消费者在观看视频中购买商品。上传的视频要求最小尺寸为 640 像素 ×360 像素，时间在 2 分钟以内，视频中可显示优惠券、红包等。

图 2-20　视频模块效果

3. 视频合集

在"宝贝类"中找到"视频合集"模块，并将其拖动到首页需要的位置进行装修。该模块支持选择店铺商品中有上传头图视频的商品进行组合成为视频合集，要求店铺必须发布三个及以上宝贝头图视频。

4. 轮播图模块

在"图文类"中找到"轮播图模块"，并将其拖动到首页需要的位置进行装修。该模块可以自动轮流播放图片，最多支持四张图轮播，每张图片可添加一个链接，适用于首焦 Banner 等使用。建议图片宽度 750 像素、高度 200～950 像素，支持 JPG、PNG 类型图片，要求一组内的图片高度必须完全一致。

5. 倒计时模块

在"营销互动类"中找到"倒计时模块"，将其拖动到首页需要的位置后，上传图片、活动链接，设置起始时间和结束时间，单击保存后再发布，效果如图 2-21 所示。该模块是营造店铺活动氛围的首选模块，能够展示活动开始和结束倒计时，制造活动紧张感，促使消费者尽快购买活动商品。模块建议图片宽度 640 像素、高度 330 像素，支持 JPG、PNG 类型图片。

图 2-21　倒计时模块效果

任务三　店铺 Logo 设计

店铺 Logo 就是店铺标志，简称店标，是指网店中起到识别和推广店铺作用的图案，通过店标能够让消费者了解店铺主体和品牌文化。店标在传统市场时期就被广泛使用，在各个行业都扮演着重要的角色。无论大品牌标志、实体店店标还是网店店标，都代表着一种象征意义和宣传手段，设计精良的店铺 Logo 能够把店铺的形象与概念转化为视觉印象，通过店标的视觉营销能够让消费者产生深刻的印象。

店铺 Logo 设计

一、店标的规格尺寸

淘宝店铺的 Logo 常用尺寸有 120 像素 ×120 像素和 80 像素 ×80 像素两种形式。其中，120 像素 ×120 像素的店标一般应用于店铺印象页，80 像素 ×80 像素的店标一般应用于店铺首页底部导航、搜索页、商品详情页等。在制作和上传过程中需注意确保店标的尺寸和样式均无误后再发布。

淘宝店铺的店标设置路径是："店铺设置"→"基础信息"→"店铺标志"，图片支持 GIF、JPG 和 PNG 格式，大小限制在 80KB 以内，尺寸为 80 像素 ×80 像素。手机淘宝店铺标志的修改方法是：登录"我的淘宝"→"千牛卖家中心"→"店铺管理"→"店铺装修"→"通用设置"→"店铺 Logo 设置"。

二、店标的展现形式

1．按照展示效果分类

最常见的店标分类是根据图片的显示效果来划分的，即分为静态店标和动态店标两种。静态店标是指店标的图片是静态表现的，而动态店标则是一种动作的表现形式，是一幅动态的图片，动态店标的格式一般为 GIF 格式，这种格式能再现动画的效果。

2．按照展示内容分类

店标的形式千变万化，主要有文字、图案、组合三种形式。①文字，就是用文字或者字母等形式来表示店标，可以是店铺主营商品的品牌名称、店铺名称等，可以是中文名称，也可以是英文名称全称或缩写。例如图 2-22 中的吉列店标，使用了英文和汉字的表现形式。②图案，就是用图形的方式来表示店标。例如图 2-22 中的耐克店标。图案的表现形式通常形象生动、色彩明快，选择的图案能够提高店铺的辨识度，更适用于具有一定知名度的品牌商品。③组合，就是用文字和图案的组合来表示店标。例如图 2-22 中的花花公子店标，使用了英文字母和品牌图案的组合，结合了文字和图案的优点，既形象又容易识别。组合的表现形式在使用过程中需要注意的是，由于店标相对较小，不求大而全，选取具有高辨识度的元素即可。多数店标设计是由几种基本形式组合构成的，经过设计的店标都应具有某种程度的艺术性，既符合实用要求，又符合美学原则。一般来说，艺术性强的店标更能吸引和感染人，给人以强烈和深刻的印象。

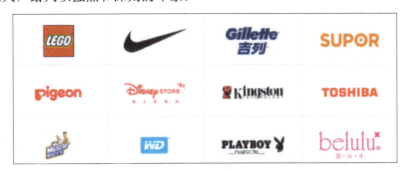

图 2-22　店标展示

三、店标的展现位置

店标在淘宝网站上很多页面都会使用，具有很高的曝光度。

1．PC 端店标的展现

大部分店铺会在设计店招时加入店铺 Logo，通过店标展示，加深用户印象，如图 2-23 所示。

图 2-23　店招中的店标展示

当用户在搜索页面搜索店铺时，结果页面会显示店铺的店标，如图 2-24 所示。

图 2-24　搜索结果页中的店标展示

淘宝首页的轮播图片下方也会显示店铺的店标，如图 2-25 所示。

图 2-25　淘宝首页中的店标展示

2．手机端店标的展现

手机端店标出现在店铺印象页面和搜索店铺的结果页面，如图 2-26 所示。

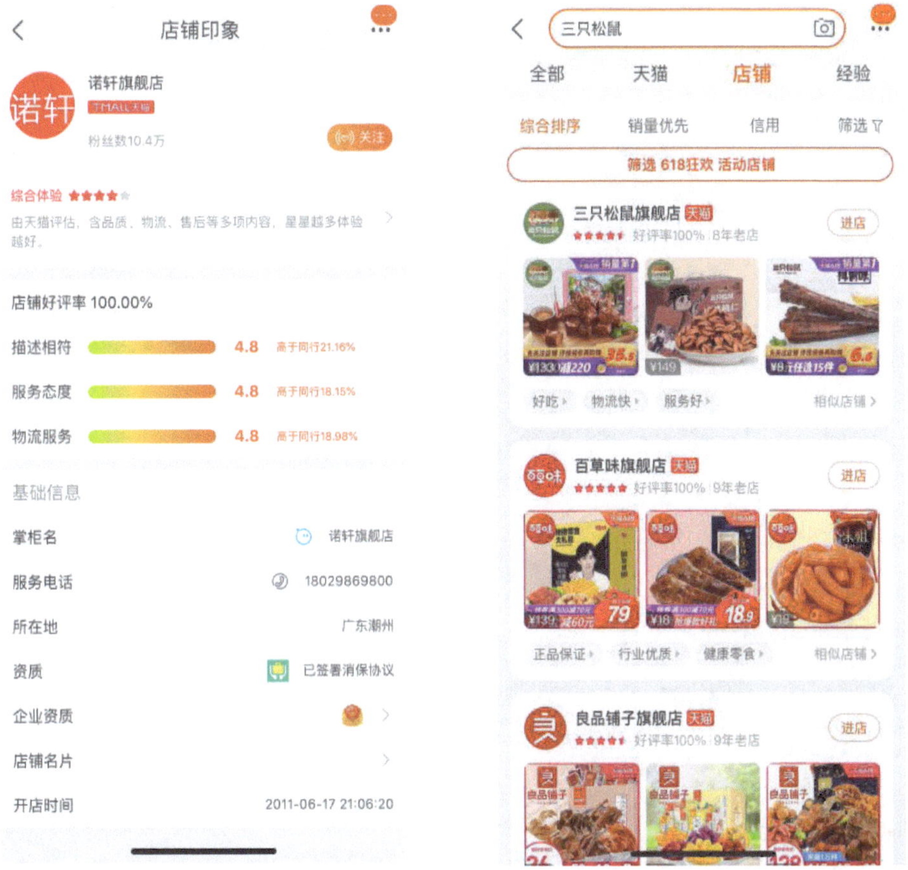

图 2-26　手机端店标展示

四、店标设计要求

淘宝店铺识别设计是淘宝店铺视觉传达要素的核心，也是淘宝店铺开展信息传达的主导力量。店标是淘宝店铺经营理念和经营活动的集中表现，贯穿店铺的所有相关活动中。因此，在设计店标之前可以对店铺面向的群体进行调研，研究店铺的主要消费群体对店铺销售商品的兴趣点和对品牌的看法，在此基础上设计的 Logo 才能配合市场对消费者进行适当的视觉刺激和吸引，也更加人性化和具有针对性。一个优秀的淘宝店铺标志需要具备原创性、统一性、易识别性和合法性，这也是淘宝店铺设计的基本要求。

1. 原创性

店标需要独特的个性，通过借助独具个性的标志来区别自家店铺和别家店铺。因此，在设计店标时一定要结合店铺自身定位，设计符合店铺整体规划和设计的视觉符号。越是具有独特个性和强烈冲击力的店标越能吸引用户的注意，因此，在设计过程中可以赋予店标一定的含义。在此基础上，店标的构图要新颖，可以追求个性化，这样在展示过程中更容易被用户记忆。此外，店标使用的素材可以原创，也可以从专业的图片网站搜索，但一定要选择适合网店风格、清晰度高且没有版权纠纷的素材。

2. 统一性

作为店铺视觉营销的一个主要因素，店标的设计需要围绕店铺的目标客户群展开，需要迎合目标客户群的喜好。只有店铺的内容或实态和淘宝店铺标志相一致时，才有可能获得消费者的认可，因此，店标需要和店铺的风格相一致。此外，店标还需要和店铺销售的商品具有统一性，这样才能让用户看到店标的同时能够产生与店铺有关的商品类别或行业的联想，进而产生购买欲望。

3. 易识别性

易识别性是淘宝店铺识别设计的基本功能，风格独特的店标能够刺激消费者产生联想，从而对店铺产生好的印象。店铺可以借助独具个性的标志来提高自家淘宝店铺及其产品的识别力。因此，通过整体规划和设计的视觉符号，必须具有独特的个性和强烈的冲击力。

4. 合法性

随着《电子商务法》的出台，电子商务市场的监管越来越严格，各家平台的规范也越来越细致。在做店标设计时，要熟悉相关法律法规的要求和平台的规定，避免给网店带来不必要的麻烦。比如淘宝网对店标的规则有以下要求：

1）同外国的国家名称、国旗、国徽、军旗相同或者近似的，但该国政府同意的除外；

2）同政府间国际组织的旗帜、徽记、名称相同或者近似的，但经该组织同意或者不易误导公众的除外；

3）与表明实施控制、予以保证的官方标志、检验印记相同或者近似的，但经授权的除外；

4）同第三方标志相同或者近似的，如中国邮政、中国电信、中国移动、中国联通、中国网通和中国铁通等；

5）县级以上行政区划的地名或者公众知晓的外国地名，但地名具有其他含义的除外，已经注册的使用地名的可继续使用；

6）包含旗舰、专卖等词语；

7）包含未经淘宝或阿里巴巴集团授权、许可使用的名称、标识或其他信息。例如：①含有"淘宝特许""淘宝授权"及近似含义的词语；②"淘宝""淘宝网""天猫""飞猪"等代表淘宝特殊含义的词语或标识；③心、钻、冠等与淘宝信用评价相关的词语或标识；④阿里巴巴集团及旗下其他公司的名称或标识。

8）包含淘宝相关机构或组织名义信息，以及虚假的淘宝资质或淘宝特定服务、活动等信息。例如：①非商盟店铺的店铺名命名为××商盟，或非商盟的店铺在店铺中使用商盟进行宣传；②不具有相关资质或未参加淘宝相关活动的店铺，使用与特定资质或活动相关的特定含义的词语，如聚划算、消费者保障计划、先行赔付等。

9）含有不真实内容或者误导消费者的内容；

10）其他淘宝平台禁止使用的信息。

任务四 店 招 设 计

店招指的是店铺的招牌,是顾客看到店铺后做出的第一印象判断,也是顾客建立对店铺认知的第一步。因为店招能够吸引用户进入店铺,所以传统店铺对店招的设计十分重视,一个好的店招不光是店铺坐落地的标志,更是店铺的户外广告。从营销角度来看,网店店招同样重要。

一、网店店招的含义及作用

网店店招同样是店铺的信息展示窗口,是网店装修中最重要的模块之一。与传统店铺不同的是,网店店招的功能是吸引已经来到店铺的用户产生购买欲望,延长停留时间。网店的店招一般在整个店铺的最上方,如图2-27所示。

图2-27 淘宝店铺读你首页截图

作为淘宝卖家用来展示网店名称和形象特点的一种重要途径,店招可以由文字和图案组成,表现的方法也十分灵活,常见的店招如图2-28所示,店招中有店标、店铺名称、店铺宣传口号(Slogan)、收藏本店、主推商品等。在设计店铺时一定要精心布置,既要让新顾客印象深刻,又要让老顾客产生新鲜感。一般来说,店招的设计要突出促销信息或者卖点,简明扼要。设计的整体理念是大气、精致,目的是达到对店铺最有效的阐释。网店店招的尺寸以120像素×950像素为宜,如果高度超过120像素,则导航显示会受到影响。

图2-28 淘宝店铺得力齐岳专卖店店招

二、店招设计原则

店招在设计时可以遵循以下原则：①直观、明确地告诉客户网店卖的是什么，最好用实物照片展示。②直观、明确地告诉客户网店的卖点，如特点、优势、差异等。店招的内容一般包括店铺名称、商品图片、产品卖点及网店优势等。如果是企业、品牌网店，则可以在设计店招时加入企业名称或者商品品牌名称，以彰显店铺实力，起到品牌宣传的效果。店招中如果出现商品图片，建议使用实物照片，通过直观形象的方式向客户展示店铺商品。为了凸显产品的特点，在有限的展示区域内将提前提炼的产品卖点直接阐述出来，使买家在第一时间就能看到并被吸引。店招中加入网店产品的优势以及和其他网店的不同之处，可以体现网店（产品）的优势和差异化，形成店铺的差异化竞争优势。

三、店招的设计思路

从店招的功能上划分，店招的设计主题可以分为品牌宣传、活动促销、产品推广三种类型。

1．以品牌宣传为主

此类店招适用于店铺销售的商品知名度高或者店铺自有品牌。这类店招在设计时要考虑的内容首先是店铺名称、店铺Logo、店铺Slogan，因为这是品牌宣传的最基本的内容；其次是关注按钮、关注人数、收藏按钮、店铺资质，这可以侧面反映店铺实力；再次是搜索框、第二导航条等方便用户体验的内容；最后是一般较少出现的店铺活动、促销等优惠信息。耐克官方旗舰店的店招如图2-29所示，只设计了店标，包括主营商品的品牌、店铺名称、搜索框和热卖商品分类。

图2-29　耐克官方旗舰店店招

2．以活动促销为主

此类店招适用于店铺活动、流量集中增加期间。以促销活动为主的店招在设计时首要考虑的因素是活动信息/时间/倒计时、优惠券、促销产品等活动或者促销信息；其次是搜索框、阿里旺旺、第二导航条等方便用户体验的内容；最后才是店铺名称、店铺Logo、店铺Slogan等品牌宣传为主的内容。他她官方旗舰店店招如图2-30所示，店招中包括"618"活动倒计时、店铺名称、店铺Slogan、优惠券等信息。这种类型的店招，不管是氛围设计还是内容展现，都需要使用大量的篇幅展示活动信息，从而增强买家对店铺的信息关注度。

图2-30　他她官方旗舰店店招

项目二 网店设计与装修

3．以产品推广为主

此类店招适用于店铺有主推产品或想要主推一款或几款产品的情况。在设计以产品推广为主的店招时，首先考虑主打促销产品、优惠券、活动信息等促销信息；其次是店铺名称、店铺 Logo、营销理念等品牌宣传为主的内容；最后是搜索框、第二导航条等方便用户体验的内容。苏泊尔炊具旗舰店店招如图 2-31 所示，设计了店标、店铺 Slogan、店铺名称、收藏、主推商品等内容。

图 2-31　苏泊尔炊具旗舰店店招

四、店招的上传

店铺装修分为 PC 端页面装修和手机端页面装修，登录"千牛卖家中心"，找到"店铺装修"。

1．PC 端店招的上传

首先准备好店招的图片，大小为 950 像素 ×120 像素，单击"页面编辑"，找到上方店招位置，单击"编辑"，将制作好的图片上传即可，上传过程中注意图片的大小，如图 2-32 所示。

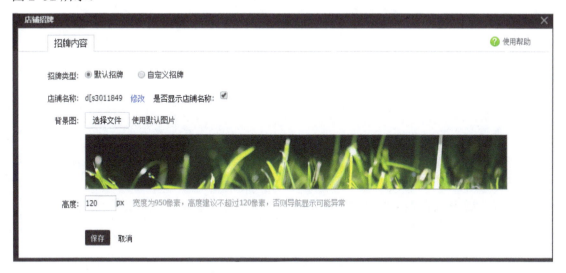

图 2-32　PC 端店招上传页面

2．手机端店招的上传

打开手机淘宝首页，单击"装修页面"，在右侧找到"模块"，单击店招位置，找到设置店招页面，单击"上传店招"。

手机端店招尺寸为 750 像素 ×580 像素，建议大小在 400KB 左右，支持 JPG、PNG 类型的图片，且手机端店招背景图片呈渐变显示，设计时需注意整体效果，如图 2-33 所示。

图 2-33 手机端店招上传页面

任务五 导航设计

网店导航主要是为了能让消费者快速找到自己所需商品的类目，相当于网店的搜索入口，如果能得到充分利用则可以提高店铺的用户体验度。买家在访问页面时大多是无规则的，所以店铺需要帮助买家提炼店铺内的商品信息，分类展示，进而提高客户访问效率，增加订单成交率，而导航就起到了这个作用。

一、导航的含义及作用

导航处于店铺首页的页头区域，位于店招下方，如图 2-34 所示，导航版面虽然小但十分重要。导航栏能够帮助买家快速找到商品的类目，卖家可以把自己要表达的重要内容添加在导航里突出显示。

导航可通过简单的文字展现。如图 2-35 所示，导航使用了与店招一样的字体，展示了商品分类。

项目二　网店设计与装修

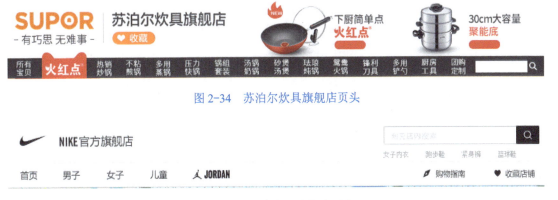

图 2-34　苏泊尔炊具旗舰店页头

图 2-35　耐克官方旗舰店页头

如果想让自己店铺的分类导航显得与众不同，则可将各项分类导航制作成图片，如图 2-36 所示。通过使用独具特色的图片展现，从而让店铺更加吸引人。导航对图片的高度没有严格的要求，只需合适就行，但图片的宽度最好不超过 180 像素。需要注意的是，不管采用哪种形式，店铺导航区最多可设置 12 项一级内容，建议不超过七项，超过页面尺寸宽度部分将不展现。

图 2-36　西数官方旗舰店页头

二、导航设计思路

导航栏是引领消费者了解店铺的关键，在设计时要注意以下几点：①考虑到店铺装修的整体性，导航要与店铺风格保持统一。②导航的设计是为了方便用户快速查找，所以应该以方便用户使用为目的，可以使用用户习惯的分类方式，比如商品品类、功能用处、消费能力以及行为倾向等。③为了刺激用户下单购买，可以将店铺上新、特价分类等内容尽量往前排，使用精简的文字进行表达。

三、常见的店铺商品分类方式

常见的店铺商品分类方式有以下三种：

（1）理性分类，如按品牌划分、按材质划分、按价格划分、按季节划分等。如果店铺有老客户基础，（打算）通过稳定上新提升用户黏性，还可以按上新时间划分。如图 2-37 所示，乐町少女官方店的导航是按 T 恤、卫衣/针织、外套、连衣裙、裤装、半身裙分类的。

（2）感性分类，如按风格划分（日韩风、欧美风）、按活动划分、按感官划分（显瘦、显白）等。如图 2-38 所示，薇诺娜官方旗舰店的导航包括敏感之星、换季护肤、热销榜单、薇粉福利和品牌故事等内容。

图 2-37　乐町少女官方店页头

图 2-38　薇诺娜官方旗舰店页头

（3）卖家可以根据自身产品的特性和受众的特性着重细化某一种分类，但其他分类形式也应该有。比如，男装店铺的受众是男性，通常男性购物往往带有明确的目的性，直奔感兴趣的商品，很难留意其他品类，所以理论上来讲，店铺的导航应该做成理性分类。但是商品受众群体为男性，并不代表所有入店的访客中没有按照"牛仔控、潮流范"标签去查看商品的消费者。所以我们在设置分类时要设置全面，可以偏重某一个点但不能忽略其他。如图 2-39 所示，马克华菲官方旗舰店页头导航除了设置 T 恤、Polo、衬衫、休闲裤、牛仔裤、卫衣等理性分类，还设置了 IP 联名、元气系列等分类，方便访客中的感性顾客快速找到所需商品。

图 2-39　马克华菲官方旗舰店页头

四、导航上传

店铺装修分为 PC 端装修和手机端装修，登录"千牛卖家中心"，找到"店铺装修"。

找到 PC 端首页，进入装修页面，在店招下方找到导航。导航编辑分为导航设置和显示设置。导航设置用来添加导航内容，可以添加宝贝分类、页面、自定义链接三种类型。其中，添加的宝贝分类需要根据店铺已有的分类进行，可以是一级分类也可以是子分类；添加的页面，需要单击"页面"按钮，进入设置界面，然后单击"创建链接"进入"新建页面"，进行页面创建；添加的自定义链接，需要填写"链接名称"和"链接地址"，且链接只能填写淘宝网内部链接。

导航显示需要使用 CSS 代码。CSS 代码也叫层叠样式表单，是用于（增强）控制网页样式并允许将样式信息与网页内容分离的一种标记性语言。店铺导航开放 CSS 设定，使卖家通过 CSS 设定让导航展现得更加丰富。

任务六 Banner 设计

Banner 是指网店页面的横幅广告,也是店铺风格最直观的展现位置,对于营造氛围起着很大的作用,淘宝、全球速卖通店铺中的首页焦点轮播图、促销海报、商品推荐和商品焦点图采用的都是 Banner 的形式。因为用途广泛,所以 Banner 成了淘宝产品信息传播的主要途径之一,也是店铺吸引流量和提高转化率的重要工具。

一、Banner 基本要求

PC 端轮播图可以设置为 100~600 像素,建议高度是 250 像素,可选择上下滚动或渐变滚动效果。手机端轮播图模块建议图片宽度是 750 像素,高度是 200~950 像素,支持的图片类型是 JPG 和 PNG。要求一组内的图片高度必须完全一致。可添加四张图片,每张图片可添加一个链接。

Banner 设计是一种视觉传达的表现形式,一张好的 Banner 不仅可以生动地传达网店的产品信息以及各类促销活动等情况,而且可以吸引客户关注,提高转化率。Banner 的组成元素一般包含背景、产品、文案三个部分。

二、Banner 设计规范

1. 色调与网店大色调统一

Banner 设计时要考虑店铺整体色调和平台活动主题色调,如"双 11"为大红色、妇女节为紫色等,尽量避免与主色调产生强烈的对比。

2. 根据产品亮点定背景色

在 Banner 背景选择上,最好能做到背景与产品相呼应。在海报设计中,大体分为两种风格:①将拍摄的图直接用作背景,版式排列活动文案,如图 2-40 所示;②将产品提取出来,背景根据产品灵活变动,再配合版式,如图 2-41 所示。

图 2-40 拍摄图背景型 Banner

图2-41　产品提取型 Banner

3．根据客户群凸显文案

　　Banner 的设计要明确面对的客户人群，根据面向的客户策划文案排版。如图2-42所示，该店铺的客户群为企事业单位办公人员，所以背景图选用含有科技元素的蓝色，广告语为"办公文具大聚惠　一站式购物"，表明店铺不仅产品优惠，产品的类型更是多种多样，能够满足用户大规模采购的需求。

图2-42　办公文具 Banner

4．突出主题

　　海报图片设计与摄影作品不同。摄影作品突出原生态，添加文字是为了更好地突出画面。海报中文字的设计是为了更好地烘托主题，不能喧宾夺主。

三、Banner 排版布局

　　排版布局就是将需要放置的文案、人物、产品安排到版面上的某一区域，通过可视化信息元素在版面布局上位置、大小的调整，使版面达到美观的视觉效果。在布局过程中需遵循突出重点、平衡协调的原则。Banner 排版布局时还需要注意归纳和留白。归纳是将内容分成几个区域，相关内容都聚在一个区域后按照设计的布局去寻找符合版面布局的方向、空间，比如人物的姿势、产品的角度。留白是指不要把 Banner 排得密密麻麻，应留出一定的空间，减少压迫感。常见的布局方式有：

1．两栏结构

两栏结构的布局，可以文案在左、产品在右，也可以文案在右、产品在左，如图 2-43 所示。它在 Banner 版面布局中经常出现，其主要特点是结构稳定、分配均衡、商品展示与文案宣传并重，视觉上比较清晰、容易分辨、清爽直白。一般两栏型 Banner 在文案的那一边都会加些装饰或者背景效果，以达到左右均衡，这样整个 Banner 就会比较自然和谐。

图 2-43　两栏结构

2．上下结构

上下结构属于两栏结构布局的一种，这种布局方式不仅结构稳定，还能形成明确的视觉焦点，比较容易突出主题。相对于商品而言，这就显得合适多了。上下布局通常比较少见，因为较难掌控。

3．三栏结构

三栏结构相比两栏结构而言丰富了许多，也更具层次感。服饰、鞋包类需要模特展示的商品适合使用三栏结构。这种布局方式通常将文案放在中间，用一侧的近景模特与另一侧的远景模特产生对比和呼应，如图 2-44 所示。使用三栏结构需要注意信息的连贯性，要保证信息的可正常阅读，不要影响信息的传达。

图 2-44 三栏结构

4．组合结构

组合结构是常规三栏结构的一种变化，这种布局方式减少了文案的占用面积，用更多的篇幅来展示商品，相对来说，更适用于促销活动海报。

5．倾斜结构

倾斜结构布局会让画面显得时尚且具有动感，倾斜结构 Banner 给人一种偏个性的感觉，大多数倾斜的对象都是版面的装饰图形和文字等。一些律动感或时尚感较强的产品会采用这种版式，同时这种设计也比较别致和吸引眼球，如图 2-45 所示。

图 2-45 倾斜结构

四、Banner 视觉文案设计

Banner 的视觉文案设计可以从标题、创意和话题入手。

1．标题

一张优秀的 Banner 需要一个出色的标题，如果主标题不能吸引消费者的眼球，消费者就会失去继续访问页面的意愿，从而离开页面，增加店铺的跳失率。

2．创意

抓住商品鲜明的特点，置于 Banner 画面的主要视觉部位，使消费者在接触画面的瞬间立即感受到其独特性，引起消费者视觉兴趣，达到刺激消费者购买欲望的目的。

3. 话题

Banner 往往占据网店的核心位置，为了吸引消费者的注意，通常会与社会流行的话题、热门影视剧等相联系。

> **案例分析**
>
> **三只松鼠**
>
> 　　三只松鼠股份有限公司创立于 2012 年，总部位于安徽芜湖，并于南京成立研发与创新中心。截至 2020 年，公司已发展成为拥有 4000 余名正式员工、年销售额破百亿元的上市公司（股票代码：300783），正加速向数字化供应链平台企业转型。
>
> 　　依托品牌、产品、物流及服务优势，自 2014 年起，公司连续五年位列天猫商城"零食/坚果/特产"类目成交额第一，并先后被新华社和《人民日报》誉为新时代的"改革名片""下一个国货领头羊"，上市当天获誉"国民零食第一股"。2019 年"双 11"，公司以 10.49 亿元销售额刷新中国食品行业交易纪录，被《华尔街日报》《路透社》《彭博社》等外媒称为"美国公司遭遇的强劲对手""中国品牌崛起的典范"。
>
> 　　请进入三只松鼠旗舰店浏览，感受该店铺装修。
>
> **【案例分析题】**
>
> 1．分析店铺的整体布局并指出有哪些可以借鉴的经验。
> 2．分析店铺 Banner 的排版布局采用了哪种方式。

小　结

本项目主要从店铺装修前期准备讲起，介绍了店铺首页设计与装修、店铺 Logo 设计、店铺招牌设计、导航设计、Banner 设计等内容，从视觉营销的角度为店铺装修提供解决思路和对策建议。

实训项目：淘宝店铺装修

一、实训目的

培养学生店铺装修的能力，包括店铺首页的设计与装修、店铺 Logo 设计、店铺招牌设计、导航设计、Banner 设计等，提升学生视觉营销的能力。

二、实训内容

1．结合店铺定位，确定淘宝店铺装修的风格。
2．完成首页布局设计。
3．设计并上传店铺 Logo。
4．设计并上传店铺店招。

5．设计并上传店铺导航。

6．设计并上传店铺 Banner。

三、实训要求

店铺装修要结合店铺定位与产品特点，突出店铺商品的优势。

同步测试

一、单项选择题

1．网店的视觉营销可以从（　　）、色彩和标准字体等方面进行设计，统一风格。

　　A．Logo　　　　　B．Banner　　　　　C．首页　　　　　D．分类导航

2．PC端装修中的图片轮播模块最多支持（　　）张图轮播。

　　A．三　　　　　　B．四　　　　　　　C．五　　　　　　D．六

3．宝贝推荐区的最大展示量为（　　）个。

　　A．25　　　　　　B．26　　　　　　　C．27　　　　　　D．28

4．手机淘宝的轮播图模块建议图片宽度为（　　）像素。

　　A．250　　　　　 B．750　　　　　　 C．200　　　　　 D．900

5．（　　）结构稳定、分配均衡、商品展示与文案宣传并重，视觉上比较清晰、容易分辨。

　　A．两栏式　　　　B．三栏式　　　　　C．组合式　　　　D．倾斜式

二、多项选择题

1．PC端店铺首页由（　　）等区域构成。

　　A．页头　　　　　B．内页　　　　　　C．外页　　　　　D．页尾

2．按照图片的显示效果来划分的店标分为（　　）和（　　）两种。

　　A．动态店标　　　B．静态店标　　　　C．HTML　　　　 D．网页

3．一个优秀的淘宝店铺标志需要具备（　　），这也是淘宝店铺设计的基本要求。

　　A．原创性　　　　B．统一性　　　　　C．易识别性　　　D．合法性

4．从店招的功能上划分，店招的设计主题可以分为（　　）等类型。

　　A．品牌宣传　　　B．活动促销　　　　C．产品推广　　　D．客户服务

5．Banner的组成元素一般包含（　　）。

　　A．背景　　　　　B．产品　　　　　　C．文案　　　　　D．人物

三、简答题

1．简述视觉营销的含义。

2．简述导航设计的注意事项。

3．简述Banner的设计规范。

Project Three

项目三

商品发布

知识目标
- 了解商品详情页的作用与内容
- 掌握商品详情页的排版要求

能力目标
- 能够提炼商品卖点
- 能够完成商品详情页的规划与文案设计

线下购物和线上购物最大的区别就是用户体验,"看得见摸得着"是线下购物最大的优势,这种感官刺激直接激发买家的购买欲望。对于线上而言,商品详情页就相当于线下的导购员,是买家深入了解商品的重要途径,其作用是通过详细的商品描述,增加买家对商品的信任度,激发买家的购买欲望,从而促成交易。商品详情页是店铺转化率和客单价的重要影响因素,因此,无论从卖家角度还是买家角度来看,商品详情页的重要性都是不言而喻的。

商品详情页通常包含文字、产品图片、促销活动、其他相关商品等信息。设计制作商品详情页要经过定位分析、挖掘卖点、布局大纲、编写文案、美工设计、测试优化等多个步骤。本项目重点介绍商品详情页的规划与设计。

任务一　商品卖点提炼

一、商品调研分析

围绕商品做好前期的调研是非常重要的,只有对商品有了正确的认识,充分了解其特性,才能在众多的优点中总结出卖点,吸引消费者购买。商品前期分析主要分析商品属性,明确目标客户群,有针对性地分析利益点,定位使用场景,明确竞争对手,同时通过调研深入了解用户痛点,挖掘产品卖点。

商品调研分析

1. 分析商品属性

分析商品属性,明确商品功能,突出商品优点。做商品详情页时,要先写一份商品说明,把商品的信息要点全部梳理出来,包括产地、品种、包装、存储方式、使用方式、适宜人群、整个制作的工艺流程等。

2. 明确目标客户群

定位产品的目标用户群体,挖掘目标人群心理,打造文案。由于职业、收入、性格、年龄、生活习惯、兴趣爱好等不同,消费者的消费习惯也不一样。因此,需要对消费者的消费行为进行具体分析,了解消费的原因和目的,才能更贴切地针对产品属性提炼独特卖点,写出具有针对性的文案。

3. 分析利益点

消费者在选择商品时,会考虑该商品的多个方面属性,如实用性、便利性、操作感、安全性等。为了让消费者可以最终选择自己的产品,卖家需要直白地将利益点分析给消费者。

4. 定位使用场景

定位使用场景是指给消费者指明商品的使用场合。很多时候,商品不仅仅具有通用功能,在某些特殊场景中,会具有特殊的价值。所以在策划文案时,可以对这些特殊场景进行突出介绍,这样可以增加产品的附加值。比如,很多农产品作为馈赠礼品时,其价格会翻倍,还很容易被消费者接受。

5. 明确竞争对手

商品的竞争对手既可以是同类商品，还可以是同类商品的经营者等。只有明确竞争对手的优势，在策划文案时才能做到扬长避短。

6. 针对商品进行前期调研的常用方法

（1）问卷调研。可以通过线下调研或借助问卷星、微信小工具等第三方软件进行网络调研，收集用户的痛点。

（2）回访客户。积极主动地与客户沟通，通过电话、微信、短信、微淘互动等多方面了解客户的需求信息。

（3）同行店铺评价里收集。搜索竞争对手店铺内相似商品的客户评价，特别关注评价中客户的好评或抱怨，挖掘客户对产品深层次的需求，找准用户的痛点。

（4）同行店铺详情页里收集。通过浏览竞争对手店铺的相似商品详情页，收集竞争对手店铺对相似商品给出的卖点。

二、FAB 法则

FAB 法则是广泛应用于市场营销中的销售方法，在电子商务中也同样适用。FAB 法则即属性、作用、益处法则，FAB 对应的三个英文单词是 Feature、Advantage 和 Benefit，按照这样的顺序来介绍，能够让客户相信你的产品是最好的。

F（Feature）对应属性，即产品所包含的某项客观现实属性。属性是指产品的自有特质，包括商品的材质构成、大小规格、适用范围等。比如一件连衣裙是由棉花制成的，它的属性就是纯棉。

A（Advantage）对应作用，即产品的功能优势或产品的特点，能给消费者带来的作用。产品的特点在一定程度上代表了与同类产品相比较的优势。比如纯棉连衣裙的优势就是透气性好。

B（Benefit）对应益处，即产品特性给消费者带来的好处。产品的优势应该有效地转化为顾客能接受的利益，如果产品的优势不能有效地转化为顾客的利益，那么在销售的时候顾客就不会被轻易地打动。比如，一件纯棉连衣裙带给消费者的好处就是吸汗性好，夏季穿着舒适。

FAB 法则可以用于产品详情页的规划和产品卖点的挖掘。在挖掘产品卖点时，需要根据产品将 F、A、B 三要素找到，再进行提炼加工，形成独特的产品卖点。当客户的个性化需求得到满足时，产品才能得到客户的青睐。在规划产品详情页时，要将 F、A、B 三要素串联起来，形成完整的表达逻辑，即产品的某种属性（F），有什么样的作用（A），能够满足客户的某种需求（B）。

三、筛选卖点

拿到产品时要对产品进行定位分析，分析产品的目标客户，找出产品独特的优势。要认真分析目标客户群体对该类产品真正的需求是什么，从而提炼出该产品的卖点。

筛选卖点

不是所有优点都叫卖点，卖点应该是用户对产品的痛点或痒点，且产品的卖点不能过多，1～2个就足够了。痛点是指产品能够满足用户必要的需求。比如，用户的手机进水了，无法正常使用，用户迫切需要一部新手机来与外界进行联系，这时手机就解决了用户通信联系的痛点。痒点是指产品并非满足用户的必要需求，但是用户一听到就很想拥有。比如，用户手机进水了，随便买个千元手机就能满足日常通信交流的需求，但是看见某品牌的手机外观漂亮，拿出去有面子，特别想买，"漂亮""拿出去有面子"就是痒点。对于好的产品卖点来说，痛点、痒点二者必须满足其一，"不痛不痒"无法促成销售。

如何从一堆优点中筛选出卖点？可以使用"九宫格"思维法，也称作曼陀罗思考法。如图3-1所示，"九宫格"思维法是指用九宫格矩阵图发散思维，将商品写在正中间，将需要考虑的卖点设计因素向八个方向进行发散，记录在这八个格子里，再根据这些因素的主次关系来逐一筛选刚刚找到的优点，最终确定1～2个卖点。

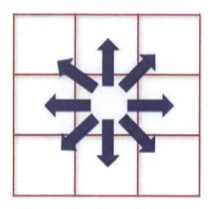

图3-1 "九宫格"思维法示意图

下面利用"九宫格"思维法筛选一件连衣裙的卖点，如图3-2所示。

材质 棉麻	价位 100～150元	款式 收腰短袖圆领
搭配 百搭	连衣裙	季节 夏季
品牌 无品牌	风格 通勤	打理难易 需要熨烫

图3-2 "九宫格"思维法筛选连衣裙卖点示意图

首先，在"九宫格"的正中间写上"连衣裙"，接着根据消费者购买这款商品时的考虑因素发散思维，将材质、价位、款式、搭配、季节、品牌、风格、打理难易这些因素写在周围的八个格子内。注意每个格子内既要给出商品卖点设计因素（如材质），又要结合本产品给出该设计因素的具体内容（如棉麻）。

其次，在此基础上进行卖点的筛选。①扬长避短，去掉这些特征中不好或者不适宜宣传的缺点。比如，这款连衣裙的缺点为无品牌、需要熨烫，先划掉这两个。②要删除一些没有特色并且不会对消费者的购买决策造成影响的特征。比如百搭、通勤这些要素。③在剩下的特质里找出最重要的两个因素，再进行延伸联想。比如，对于这款连衣裙，最终选择棉麻材质和收腰短袖圆领款式这两个因素作为卖点。

最后，在已经选出的卖点因素的基础上进行联想和文案加工。对棉麻材质进行联想就可以得出凉爽、透气、亲肤、舒适等；对款式进行联想可以得出显瘦、气质、复古、民族风等。在此基础上，对这些总结出来的词汇进行文案加工，使其成为详情页上的卖点广告语。

四、详情页文案策划

文案体现在网店的各个方面，如品牌文案、商品文案、主图文案、商品详情页文案、推广文案等。好文案可以更好地宣传店铺或品牌，提升品牌形象，增加消费者对品牌的好感和信任度。随着平台商品同质化越来越严重，提炼有竞争力的卖点，策划好的详情页文案显得尤为重要。详情页文案是指店铺详情页中用文字表现的内容，主要包括宣传语、商品介绍、促销信息、购物指南、售后条款、支付配送信息等。详情页文案策划过程中要注意以下几个问题：

（1）文案内容要能够准确传递商品信息，不空洞。有些文案很华丽，但没有实质性内容，不能提供产品的有效信息，无法打动买家促成购买。比如"我们始终坚守顾客是上帝，以满足客户的需求为己任""不一样的品质，不一样的体验"等描述，这样的文案看似震撼，实则空洞，毫无实质内容。又如某挂钩的文案"遇见品质生活"，既没有传递挂钩的卖点，也没有传递有价值的信息，无法吸引买家，很难促成交易。

（2）文案要从买家的需求出发，结合商品卖点，具有独特性。图3-3是针对门后挂钩的文案，该文案基于目标客户对挂钩"安装方便、使用方便、静音"等需求，提炼了"免钉无痕""静音"等主要卖点，特别是"静音"这一卖点，强调挂钩紧贴门面，开门、关门无声，区别于市面上的其他商品，激发买家对商品产生信任感和购买欲望。

图3-3 具有独特性的创意卖点文案

（3）文案要简洁，不能长篇大论。买家通常不会把时间和精力放在阅读大量信息上。在撰写商品详情页文案时，最简洁的反而是最有效的，要筛选出消费者最关注的一至两个卖点，用最精简的文字表达商品最想传递的信息，同时注意逻辑和条理性。

（4）文案内容要真实。2015 年《中华人民共和国广告法》修订前，很多商家喜欢在文案中大量使用夸大的词汇，比如最高级、国家级、最佳、顶级、极品、第一、第一品牌、绝无仅有、万能、最低、销量冠军、抄底、最具、最高、全国首家、极端、首选、空前绝后等。但《中华人民共和国广告法》修订后，以上词汇不可以用于商品列表页、商品的标题、主图以及详情页等。所以商家在撰写文案的过程中应该深入挖掘商品的特点、优势和卖点，以真实的内容打动消费者。

任务二　商品详情页内容规划

一、商品详情页设计思路

商品详情页是买家决定是否购买的"最后一站"。商品详情页除了能告诉消费者产品的基本信息，还能通过一些细节展示和文字描述来打消消费者的疑虑和售后顾虑，促成购买。可以说，商品详情页的内容直接影响着店铺转化率。在设计商品详情页时，要遵循以下基本思路：

（1）引发消费者兴趣。引发兴趣是吸引消费者关注的第一个环节，一般可以通过品牌介绍、焦点图、目标客户场景设计、产品总体图、购买理由、使用体验等方面进行展示。

（2）激发消费者需求。激发消费者需求是引发消费者兴趣的进一步延伸，当消费者在是否购买之间摇摆不定时，通过激发他的潜在需求，可以促成其购买行为。简而言之，激发消费者需求就是给他一个购买的理由。

（3）获得消费者信任。消费者购买商品的过程事实上就是对该商品的信任过程。只有获得消费者的信任，才能顺利地卖出商品。商品的细节图、用途展示、详细参数、好评展示等都是获得消费者信任的有效手段。

（4）打消消费者顾虑。打消消费者顾虑是获得消费者信任的延伸，向消费者传递出购买行为没有后顾之忧，进一步激发消费者的购买欲望。商家保证、商品证书、商品价值展示、售后服务等信息都可以打消消费者顾虑。

（5）促使消费者购买。通过优惠活动、促销活动等进一步激发消费者的购买欲望，表达出物超所值的信息，引导消费者尽快做出购买决策。

二、商品详情页面规划

淘系官方（即淘宝和天猫）对商家的商品详情页格式要求是统一的，商品基本信息、属性信息基本形式固定，所以商品详情页安排的关键点是详细内容描述部分。天猫后台启用了模板编辑模式（更简单、更智能的编辑模式），淘宝平台的文本编辑模式和模板编辑模式都可以选择使用。为了做好商品详情页，各商家几乎绞尽脑汁，尽管天猫店铺详情页设计已经开始实行模块化管理，并且明确了各大模块的内容和顺序，但作为网店运营人员还是需要对商品详情页的主要内容和设计逻辑有所认识。

1. 商品详情页的内容构成

商品详情页应该包含以下几类内容：

（1）商品展示类。例如色彩、细节、优点、卖点、包装、搭配、效果等。

（2）实力展示类。例如品牌、荣誉、资质、销量、生产、仓储等。

（3）吸引购买类。例如卖点打动、情感打动、买家评价、热销盛况等。

（4）交易说明类。例如购买、付款、收货、验货、退换货、保修流程等。

（5）促销说明类。例如热销商品、搭配商品、促销活动、优惠方式等。

2. 商品详情页布局

通过综合调研发现，商家一般习惯性地把商品详情页按以下内容模板进行依次布局：

（1）店铺活动模板。该模板展示店铺最近的活动和相关商品，以提升店铺黏度，增强单页面关联，增加客户浏览深度，提升客单价。

（2）商品场景图。商品场景图既可以是模特图，也可以是使用场景图。通过丰富的场景图展示，辅以凝练的文字介绍，突出商品卖点，引发客户关注和共鸣，增强客户进一步浏览的欲望。

（3）商品图。通过客观的商品图展示，辅以凝练的文字介绍，表明商品优势和实力，让消费者清晰地了解其要购买的商品的准确信息。

（4）细节图。通过细节图展示，辅以文字说明，进一步强化商品优势，提升客户关注度和购买欲望。

（5）尺码描述。通过表格式或图文式信息，让客户更准确地了解适合自己的商品规格和型号。

（6）其他信息。通过厂家资质证书的展示，以及包装信息、快递信息及售后服务信息的描述，进一步强调卖家实力，增强买家购买欲望。还可以添加一些相关商品信息，进一步引导买家深度关注，挖掘消费者的深层次需求。

任务三　商品详情页美工设计

一、素材收集

在做好商品详情页内容规划后，就要进行商品详情页的美工设计了。首先要准备好商品相关素材，商品素材可以通过以下几个渠道获取：

（1）自己拍摄。这是商品素材获取的主要渠道。注意：在拍摄过程中，要分别拍摄商品的白底图、场景图、模特图和细节图等。

（2）网上搜集相关素材。

（3）代理工厂统一提供商品素材。

（4）设计师手绘图或线描图。部分店铺为了体现产品的设计感和原创性，会用到设计师手绘图或线描图。

二、页面设计

完成了所有的准备工作，接下来就要进行整个商品详情页的制作。

1．页面风格的确定

要根据目标客户的喜好和商品特点来确定商品详情页的整体风格。不同类的商品需要不同的页面风格。比如，珠宝饰品类适宜选用纤细的字体，淡雅的黑白灰等组合来衬托珠宝的质感；设计感较强的白色T恤的用户群体大多是年轻人，应该选用活泼的字体及鲜艳的颜色组合来营造商品在视觉上的冲击力，如图3-4、图3-5所示。

图3-4　钻戒详情页示例　　　　　　　图3-5　女装T恤详情页示例

2．内容图片的制作

根据之前的文案以及流程框架进行图片的制作与填充，需要注意以下几方面：

（1）图片的配色为70%底色、25%主色、5%强调色。画面中70%为底色，画面的色调往往是由底色决定的；25%为主色，画面的核心区域多使用主色；5%为强调色，强调色在画面中起到画龙点睛的作用，强调色多使用与主色对比度较大的颜色，也可以尝试利用色彩的互补关系来突出。

（2）图片由商品层、文案层、背景层构成。注意页面布局，整个页面注意留白，不要堆砌无意义的素材。

(3)每张图就说一件事,不要把所有想告诉用户的信息都堆在一张图上。

(4)想要突出文案,可以采用文字描边、文字下方投影,复杂背景可以在下方加半透明图层。

3. 详情页尺寸规范

淘宝详情页左侧边栏宽 190 像素,中间空 10 像素,右侧宽 750 像素,加起来总宽度为 950 像素。如果关闭左侧边栏,就可以显示 950 像素宽,不然只显示 750 像素宽。天猫详情页布局与淘宝类似,不同之处在于天猫新版页面的宽度由 750 像素变为 790 像素。京东对详情页布局有统一要求,整体宽度不超过 740 像素。

4. 商品主图设计

除了商品详情页,商品的主图也是很重要的部分,一般由带 Logo 的设计图、使用场景图、白底的商品图、两张细节图构成。商品详情页中的商品主图尺寸建议设为 800 像素×800 像素。

任务四 商品管理

一、商品发布基础知识

商品卖点提炼、详情页规划和美工设计等准备工作做完后,就要在平台中上传并发布商品了。上传商品是指把商品的名称、产地、规格、属性、外观、数量、交易方式、交易时限等信息发布到平台中。在正式发布商品前需要对商品的规格、属性等信息进行学习。

1. 商品规格

商品规格是指产品的物理形状,一般包括体积、长度、形状、重量等。在标准化生产的今天,通常一种产品采用一种规格衡量标准,主要是为了区分类似产品,一般品种的规格都是从小到大有序排列的。

不同类型的商品会采用不同的方式来区分规格。以下是一些常用的规格区分方式:

(1)按大小来区分规格。服装、鞋子、内衣、戒指等商品都是按尺码来区分规格的商品。

鞋子按脚的长短来确定尺码。常用的鞋码标准有国际标准、欧制尺码、美制尺码。我国常用国际标准和欧制尺码。国际标准鞋码大多采用厘米数或毫米数,即脚长数据的毫米或厘米。比如 24 码,就说明脚长为 24 厘米。欧制尺码 = 厘米数 ×2-10。比如,24 码对应欧制尺码为 38 码。

内衣是以下胸围和罩杯大小来区分规格的,例如 70A、70B、80B、80C 等,这里的 70、80 是指下胸围,A、B、C 是指罩杯的型号。

戒指指圈的大小称为"手寸",以"号"来表示,根据戒指的直径和周长来确定。手寸号有美式和港式之分,它们对应的直径和周长各不相同,目前中国多采用港式。

服装相对来说比较复杂,因为目前服装市场主要有四种尺码型号的标识法,所以很多人不是很清楚其中的区别。

1）按照传统的 XS、S、M、L、XL、XXL 来区分，上述尺码依次代表加小号、小号、中号、大号、加大号、加加大号。一般来讲，设计师会根据服装穿着的目标人群分析，找出其中最常见的体型来确定 M（中号）的尺码大小，即均码，在此基础上再来缩放成其他的尺码。

2）用身高加胸围的形式来区分，比如 160/80A、165/85A、170/85A 等。斜线前面的数字代表"号"，是指人的身高；斜线后面的数字代表"型"，是指人的胸围；英文字母是体型代号，是指人的体型特征，A 型表示一般体型，B 型表示微胖体型，C 型表示胖体型。

3）使用欧式型号，女式上装用数字 34～44 之间的双数来表示，男式上装用数字 44～56 之间的双数来表示。数字越小，尺码越小；数字越大，则尺码越大。下装是用腰围尺寸来标注的，计量单位是英寸，女裤从 25～32 号，男裤从 28～40 号。

4）采用北美型号，这种标识法相对来说比较少见，用 0～11 的数字表示。"1"号代表适合身高 150cm 的人穿用，"2"号代表适合身高 155cm 的人穿用，依此类推，每个型号之间身高差距是 5cm。此外，还用字母来表示胸围与腰围的差值范围，如"Y"表示胸围与腰围相差 16cm，"YA"表示两者相差 14cm，"A"表示两者相差 12cm，"AB"表示两者相差 10cm，"B"表示两者相差 8cm，"BE"表示两者相差 4cm，"E"表示两者相差无几。例如，标有"B6"字样的衣服表示可供身高 175cm、胸围与腰围相差 8cm 的人穿用。

（2）按重量来区分规格。固体的食品、茶叶、彩妆类商品都是用重量单位克、千克来区分规格的。在商品的外包装上，区分规格的重量单位"克"经常用英文字母"g"来表示，单位"千克"用英文字母"kg"表示。比如 100g 牛肉干、150g 茶叶、10kg 大米、10g 的粉饼、30g 的散粉、3g 装的口红等。

（3）按容量来区分规格。液体的饮料、油、护肤类商品都是用容量单位升、毫升来区分规格的。外包装上的"mL"表示容量单位"毫升"，"L"表示容量单位"升"。例如 500mL 的矿泉水、2L 的花生油、100mL 的爽肤水、30mL 的香水等。

（4）按长度来区分规格。鱼竿、管材、布料、花边等商品是采用长度单位米、厘米来区分规格的。长度单位"米""厘米"在外包装上通常是以"m""cm"来表示。一般情况下，长度越长，价格越贵。

除此以外，商品的规格区分还有其他的计量单位，比如地板按平方米计算价格、木料按立方米计算价格、灯泡按瓦数计算价格、计算机按配置计算价格，更多的商品按件数、个数计算价格，甚至有的同款商品不同颜色因为热销程度不同价格也会有所不同。

2. 商品属性

商品属性是由商品关键属性与商品销售属性构成的。商品关键属性简称 SPU（Standard Product Unit，标准化产品单元），是商品信息聚合的最小单位。在商品信息电子化过程中，商品的特性可以由多个"属性和属性值"进行描述。例如，在淘宝上发布商品信息时，不同的商品，系统会自动匹配不同的 SPU 属性集，如笔记本电脑和女装衬衫的 SPU 分别如图 3-6、图 3-7 所示，这些关键属性项目都是系统设定的，卖家在发布商品时，只能根据设定的属性项目填写属性值。

项目三 商品发布

图 3-6 笔记本电脑的 SPU

图 3-7 女装衬衫的 SPU

SPU 中"属性和属性值"完全相同的商品，可以抽象成为一个 SKU，即一个独立单品。在零售管理中，通常以 SKU 为单位进行商品管理。SKU（Stock Keeping Unit，库存量单位）是指包含特定的关键属性与销售属性的最小存货单位。每个 SKU 都有唯一商品编码，以便在采购、销售、库存等管理中对商品进行识别。

商品销售属性通常是指颜色、尺码、规格等，通常是可以自定义的。商品销售属性的变更不会影响该商品成为另一个 SPU。

二、商品发布流程

在了解了商品的基础知识后，就要进行商品发布了。下文以淘宝平台为例讲解商品发布的流程。淘宝平台开放了智能发布功能，通过一张商品图片或条码，就能帮助卖家智能填充商品信息，属性自动填充率高达 80%，可轻松快捷地完成商品发布，还会根据不同商品的特点，自动获得系统智能推荐的标题、热搜词。具体发布流程如下：

（1）进入"千牛卖家中心"，选择"宝贝管理"，单击"发布宝贝"，进行商品智能发布。

（2）上传预填材料。如图 3-8 所示，在这个页面主要填写商品的预填信息，可以上传条码图片，可以快速识别出条码信息和类目，无须手动填写。部分商品没有商品条码可以不选择，该选项非必选，如果没有商品条码图片，要先选择好"类目"，填写"品牌"，并上传一张商品正面的完整图片，即"商品主图"，要求 800 像素×800 像素以上。

图 3-8　商品智能发布"上传预填材料"页面

（3）完善商品信息。如图 3-9 所示，这部分需要完善的商品信息主要包括"基础信息""销售信息""支付信息""物流信息"和"图文描述"。进入完善商品信息页面，系统会通过卖家在"预填材料"页面上传的图片帮助智能推荐商品标题关键词，并自动填充部分商品属性。卖家要注意对这部分自动填充的商品属性进行检查，并对其他必填属性认真填写。

图 3-9 商品智能发布"完善商品信息"页面

1）商品基础信息。它主要包括"宝贝标题""类目属性""宝贝类型""采购地"和"店铺中分类"等信息。

2）商品销售信息。商品销售信息会因商品类目的不同而不同，通常包括"颜色分类""尺码""一口价""总数量"等信息，如图 3-10 所示。

图 3-10 商品智能发布"销售信息"页面

3）商品支付信息。它主要包括"付款方式"和"库存计数"等信息，如图 3-11 所示。

图 3-11　商品智能发布"支付信息"页面

4）商品物流信息。它主要包括"提取方式"，如图 3-12 所示。通常在上传宝贝前先要完成运费模板的设置。通过"买家中心"→"物流管理"→"物流工具"创建运费模板，可以针对不同地区、不同物流公司的报价正确设置物流运费。完成运费模板设置后，发布商品时直接选择需要的运费模板即可。

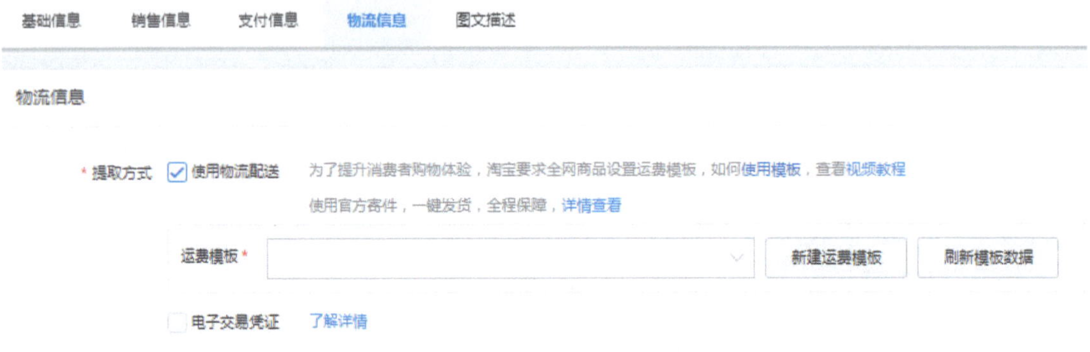

图 3-12　商品智能发布"物流信息"页面

5）商品图文描述。它主要包括"电脑端宝贝图片""电脑端描述""手机端描述""商家时间"等信息，如图 3-13 所示。

（4）商品发布成功。单击底部的"发布"按钮，即可完成商品发布。如果要修改发布的宝贝信息，可以到"卖家中心"→"出售中的宝贝"中进行编辑、修改。

项目三 商品发布

图 3-13 商品智能发布"图文描述"页面

小 结

本项目主要讲述了商品卖点提炼、商品详情页内容规划和美工设计以及商品管理。商品卖点提炼部分主要讲述了商品调研及分析、FAB 法则、商品卖点的筛选以及基于卖点的文案策划。商品详情页内容规划和美工设计部分主要讲述了商品详情页设计思路、页面规划逻辑、制作素材收集以及页面设计。商品管理部分主要讲述了商品规格、商品属性以及商品发布流程。

实训项目：商品发布

一、实训目的

培养学生掌握商品发布流程及主图和详情页设计与制作的能力，包括独特卖点的提炼、文案撰写、详情页布局、详情页设计与制作、主图设计与制作、商品上传。

二、实训内容

1. 结合店铺定位和商品定位，利用"九宫格"思维法提炼 1～2 个卖点，并撰写文案。
2. 分析竞争店铺的主图和详情页布局。

3．设计制作本店铺商品主图和详情页。
4．完成商品上传。

三、实训要求

商品详情页布局合理、商品描述信息完整、商品描述图片卖点突出。

同步测试

一、单项选择题

1．商品详情页中色彩、细节、优点、卖点、包装、搭配、效果等属于（　　）。
　　A．商品展示类　　　　　　　　B．实力展示类
　　C．吸引购买类　　　　　　　　D．交易说明类
2．（　　）是商品信息聚合的最小单位。
　　A．SPU　　　　B．SKU　　　　C．商品属性　　　　D．商品规格

二、多项选择题

1．FAB法则可以用于产品详情页的规划和产品卖点的挖掘。其中，F、A、B三要素指的是（　　）。
　　A．痛点　　　　B．属性　　　　C．作用　　　　D．益处
2．商品规格是指产品的物理形状，一般包括（　　）。
　　A．体积　　　　B．长度　　　　C．重量　　　　D．颜色

三、简答题

1．简述FAB法则。
2．简述详情页文案策划过程中要注意的主要问题。
3．简述详情页的内容构成和布局逻辑。

Project Four

项目四

网店推广

知识目标

- 了解网店流量的来源
- 掌握网店引流的常用方法
- 掌握网络广告策划与投放的流程
- 掌握网络活动策划的流程
- 掌握会员关系管理的步骤

能力目标

- 能够为不同情况的网店选择合适的推广方式
- 能够熟练应用各种常见的网店推广方法

网店建好后,如何引流就成了主要工作。因为如果没有流量,就意味着没有浏览量,更不可能有成交量,新建的店铺就会淹没在大量的店铺中,无人问津。近年来,淘宝平台的卖家非常多,竞争十分激烈,如何引入流量是每个新手卖家面临的严峻考验,只有清楚地了解网店流量的来源,熟练掌握网店引流的常用方法,多管齐下,才能稳步提升网店流量。

本项目将淘宝网的主要流量来源分为五个部分,包括自然搜索流量、付费流量、活动流量、会员流量和其他外部流量,并重点介绍各种流量的特点、引流方法和使用技巧。

任务一 流量的概念及网店流量来源构成认知

一、流量的概念

流量是指网站的访问量,是用来描述访问一个网站的用户数量以及用户所浏览的网页数量的指标。反映网站流量最主要的指标是 PV 值和 UV 值,也就是网站的页面浏览量和访客数。除此之外,反映网站流量的指标还有平均访问深度、页面平均停留时间等。

流量的概念及网店流量来源构成

浏览量(Page Views,PV)是指一定时间内店铺各页面被查看的次数,反映用户在店铺查看的页面数量。该指标越高,说明店铺页面越受买家欢迎。注意:一个用户多次点击或刷新同一个页面,会被计为多次浏览。

访客数(Unique Visitors,UV)是指一定时间内全店各页面的访问人数,反映一定时间内进入店铺的人数。该指标越高,说明店铺用户规模越大。注意:一个用户(以用户 ID 作为唯一标志)在一天内多次访问被计为一个访客。

用户访问深度是指用户一次连续访问的店铺页面数,即每次会话浏览的页面数。

平均访问深度即用户平均每次连续访问浏览的店铺页面数,反映店铺中访客的浏览情况。该数值越高,说明该店铺越受欢迎,点击率越高。

页面平均停留时间是指用户平均浏览店铺单个页面花费的时间,反映页面受欢迎程度及产品吸引力。停留时间越长越好,通常以秒为单位计量。

人均店内停留时间是指平均每个用户连续访问店铺的时间(即平均每次会话持续的时间),以用户为基准统计,反映用户在店铺停留的时间长短,说明用户对店铺的忠诚度和喜好度。该指标越高越好,通常以秒为单位计量。

回访客比例是指回访客占所有访客数的比例,反映回访客在访客数中所占的比例,是衡量用户忠诚度和用户黏性的指标。

二、网店流量来源构成

网店流量的来源一般包括自然搜索流量、付费流量、活动流量、会员流量和其他外部流量五方面。对于网店来说，只有清楚地知道流量从哪里来，才能有的放矢地开展引流工作。

（1）自然搜索流量。用户使用关键词进行搜索，在搜索结果的页面中单击进入店铺，由此带来的流量称为自然搜索流量。对于新店铺，自然流量往往很有限，但因为是带着购买意向的客户主动搜索带来的流量，所以这类流量很精准，且比较稳定。这类流量是店铺流量的基础。一般可以通过采用标题优化、图片优化、商品上架时间优化等优化策略增加自然搜索流量。

（2）付费流量。通过购买网络广告等付费推广方式带来的流量称为付费流量。不同平台付费推广的方式也不相同，以淘宝网为例，常见的付费推广方式有直通车、钻石展位、淘宝客等网络广告形式。选择付费推广可以在短期内为店铺带来明显的流量提升，但同时要注意这类流量并不稳定。

（3）活动流量。通过开展各种促销活动给店铺带来的流量称为活动流量。以淘宝网为例，可以利用一些店内营销工具开展店内促销活动，如满就送、搭配套餐、限时打折等，也可以结合店外的活动，如聚划算、天天特价、"双11"大促等开展促销活动，获得活动流量。活动流量在活动期内会有较明显的流量提升，稳定性一般。

（4）会员流量。随着店铺的运营，每个店铺会积累自己的客户资源，在已有客户资源的基础上，做好会员关系管理，赢得回头客，提高重复购买率，这部分流量称为会员流量。会员流量是店铺长期、稳定的流量。

（5）其他外部流量。淘宝站内流量是卖家主要的流量来源，但除了站内流量，一些外部平台也可以为店铺带来流量，如折800、返利网等。这些站外平台经常会通过策划活动、发放优惠券等方式实现对淘宝网商品的引流。通过贴吧、论坛、微博、微信等营销手段推广商品也可以获得站外流量。获取流量的方式很多，卖家需要根据自己的实际情况进行选择。

任务二 自然搜索流量引入

一、自然搜索流量分析

对于淘宝商家来说，一般只要愿意投入，店铺可以通过各种各样的渠道引入流量，但对于绝大多数淘宝卖家而言，自然搜索流量都是很重要的流量来源。一方面，绝大多数买家主要通过搜索进入商家店铺；另一方面，和其他流量方式相比，自然搜索流量的性价比最高，且可操作性强。

1. 淘系 SEO

SEO 即搜索引擎优化，是指根据搜索引擎工作原理，使自己的商业信息在搜索引擎上排名靠前，从而引起用户关注、点击、查看、询盘，以促进用户购买或使用自己商品或服务的现代网络工作。依此类推，淘系 SEO 是指根据淘系搜索工作原理，商家通过优化自己的商品和店铺信息使自己的商品信息在淘系搜索中排名靠前，以促进用户关注、购买的行为活动。

与综合类搜索引擎不同的是，淘系搜索并不像综合类搜索那样在整个互联网进行数据的抓取、分析和归类，淘系搜索的数据主要来源于商家在淘系平台发布的信息。换言之，商家商品信息发布的过程就是淘宝搜索引擎建立商品索引的过程。有了按关键词、类目、属性发布的商品，就有了商品索引基础，淘系搜索引擎就可以根据其排名规则，将客户搜索的商品信息展示出来。因此，淘系 SEO 工作与综合类搜索引擎有明显的差异。

卖家要想让自己的商品在淘系的自然搜索结果中排名靠前，就必须要先研究淘系 SEO 的影响因素。

2. 淘系 SEO 影响因素

近年来，随着淘系搜索的不断变化，特别是无线端淘宝、个性化标签千人千面的出现，淘系 SEO 发生了较大的变化，对淘系 SEO 产生影响的因素越来越多，但总的来说，主要有以下几类：

（1）类目因素和反作弊因素。类目因素是指商品在发布过程中类目的选择和属性的填写一定要精准，因为填写的精确与否会直接影响商品信息的排名。在网络商业行为中，类目的划分是淘系商品分类的基础，也是用户查找信息的一项重要依据，宝贝属性等参数是用户关注的重要信息。

反作弊因素是指商家在店铺运营过程中必须按照淘系市场规则经营，不能出现违规行为，一旦出现违反规则的行为，无论其他方面做得多好，都会影响商家商品信息的排名，甚至可能造成搜索排名直接消失。毕竟淘系网络市场有自身的商业运营规则，"遵守规则、合法经营"是每个市场商家经营的底线规则。

（2）文本因素和时间因素。文本因素是指宝贝发布过程中在遵守商品特质的基础上，商家要围绕用户搜索关键词来设置和布局宝贝标题和属性，因为 SEO 工作的核心是以关键词搜索为基础的，淘系 SEO 也不例外。

时间因素是指淘宝搜索优先推荐临近下架的商品，商品离下架时间越近，排名越容易靠前。在淘系的商业规则中，商品下架意味着商品的消失，离下架时间越近的商品排名越靠前，既给了买家选择商品的机会，更使每件商品都能获取公平展示的机会。

（3）卖家因素。卖家因素主要考虑商家类型（集市店铺、企业店铺、天猫店铺）、信用等级等因素。

（4）服务因素。服务因素是指商家服务于客户过程中涉及的各种因素，主要有投诉维权率、纠纷退款率、店铺动态评分系统DSR（Description，Service，Rate）值、阿里旺旺响应时间等。淘系店铺动态评分系统DSR值从宝贝描述相符、卖家的服务态度、卖家发货的速度等方面对店铺进行评价，这是检验商家服务质量的重要标准。该评分体系以五星制为标准，一颗星为最低评级，五颗星为最高评级。DSR各项评分的平均值可以在店铺信用评价档案内查到。在其他条件相同的情况下，店铺动态评分越高，排名越靠前。纠纷退款率是指最近30天纠纷退款笔数占支付宝成交笔数的百分比。其中，"纠纷退款交易"是指买卖双方未自行协商达成退款协议，由淘宝客服人工介入，且判定为支持买家的退款的交易。在其他条件相同的情况下，退款纠纷率越低，排名越靠前。

（5）人气因素。人气因素主要是指商家的转化率、销售量、收藏数、评分、熟客率、流量等因素。

（6）个性化因素。个性化因素是指淘系统计分析的消费者购买偏好（个性化标签），即千人千面，其影响因素包括但不限于性别、购买力、店铺、浏览记录、搜索习惯等。

（7）商业规则。商业规则是指商家参与提供的特色服务，在淘宝和天猫各个行业市场中会有一些特色服务，提供特色服务的商家和商品将会更容易获得搜索流量的倾斜。例如，卖家赠送给买家的退货运费险"险"标，天猫电器城推出包含"时效展示、送货上门、顺丰包邮、全国联保、延长保修"等系列服务的"电"字认证标。

综上所述，要做好淘系SEO工作就要注意避免触犯淘系反作弊违规机制，选好类目，做好标题关键词及属性描述、卖家服务、商品人气、个性化等一系列的工作。

二、提高自然搜索流量的策略

淘系SEO是一个系统化的工作，不是单纯做好其中一个或几个方面就能得到理想的排名，因此，要做好淘系SEO工作，就需要扎扎实实做好每个环节的工作，落实到每个步骤，不能顾此失彼。

1. 做好商家特色服务工作

在淘宝的搜索体系里，商家特色服务是能够给商家的淘系SEO工作增色的，所以在条件允许的情况下，商家可以开通"运费险""正品保障""24小时发货""货到付款""信用卡支付"等特色服务。

2. 熟悉淘宝规则，避免作弊违规行为

淘系内搜索降权的十种行为包括虚假交易、换宝贝、重复铺货、广告商品、错放类目和属性、标题滥用关键词、SKU作弊商品、价格不符、邮费不符、标题图片价格描述等不一致。除了上述明显的十种违规行为，还要注意淘系规则中的其他因素，比如违背承诺、不当使用他人权利、不当谋利、发布违禁品或假冒品，尽管淘系没有明确这些行为会造成搜索降权，但扣分一旦达到节点，就会造成店铺降权乃至屏蔽、下架删除商品。

3. 做好商品发布的类目属性工作

要想做好商品发布的类目属性工作，就要做到准确选择商品所在类目、填写商品属性，不要为了吸引客户违规填写商品属性，比如商品品牌、商品认证等信息。

此处主要介绍商家发布商品时类目的选择。商家在发布商品时，可以通过搜索商品关键词确定最合适的类目。图4-1为类目选择界面。搜索相应的类目时，结果页面从上到下、由多到少依次列出平台中其他卖家的类目选择，商家应根据最接近的类目进行选择，不要投机取巧，故意选择错误类目骗取其他类目的流量。

图4-1 类目选择界面

4. 做好淘宝搜索关键词工作

众所周知，SEO工作是以用户关键词搜索为基础的。在淘系SEO工作中，要确保商品标题中包含的关键词符合用户搜索习惯，以满足用户的搜索需求。所以，判断、选择、做好商品标题关键词就显得非常重要。商品标题中包含的关键词越多，用户搜到商品的可能性越大；关键词越精准，相对转化率就越高，就能进一步促进排名上升。如果关键词选错了，客户根本无法看到商家的商品。做好淘宝搜索关键词可以从以下几方面进行：

（1）关键词收集。

1）利用生意参谋查找关键词。判断和选择淘宝关键词最准确的方式是从生意参谋的搜索词中选择。图4-2为商家利用生意参谋搜索词分析查找行业热搜词的界面。利用生意参谋查找关键词可以通过"行业热词榜"和"搜索词查询"进行。其中，"行业热词榜"包括热门搜索词、热门长尾词、热门核心词、热门品牌词、热门修饰词等。在对关键词进行分析时，可以选择分析周期、终端类型等，可以从搜索人气、商城点击占比、点击率、点击人气支付转化率等方面对关键词进行全面分析，便于卖家全面了解关键词的情况，进行关键词的选择。

图 4-2　生意参谋行业热搜词界面

2）通过淘宝搜索下拉框查找关键词。这是淘宝卖家常用的一种方式，方法简单且显示出来的一般都是搜索量较大的关键词。具体方法是把用户可能要搜索的核心关键词输入到搜索框中，相关关键词就会以下拉列表的形式展现出来，如图 4-3 所示。卖家可以使用不同的关键词查找下拉列表显示的关键词，然后再根据自身产品特点和人群定位进行取舍。

图 4-3　搜索下拉框关键词查询界面

3）通过搜索关键词查看"你是不是想找"发现关键词。具体方法是通过在搜索框中输入不同的关键词，查看搜索结果展示中"你是不是想找"中出现的关键词，如图 4-4 所示。

图 4-4 "您是不是想找"关键词查询界面

4）通过直通车后台"流量解析"工具或"推广方案"收集关键词。使用"流量解析"工具收集关键词的具体操作是，打开直通车后台"流量解析"工具，输入核心关键词进行搜索，相应关键词就会呈现在结果栏中，如图 4-5 所示。

图 4-5 直通车后台流量解析界面

使用"推广方案"收集关键词的具体操作是，在直通车后台，打开相应的计划，单击"添加关键词"，进行核心关键词搜索，也可以发现更多的推荐关键词，如图 4-6 所示。

除此之外，还可以通过查看竞争对手标题、直通车 TOP20W、看店宝等第三方工具等多种方式发现潜在关键词。通过以上多种渠道，能够找到商品的许多相关关键词，接下来的重点工作就是要对搜集的关键词进行筛选和使用。

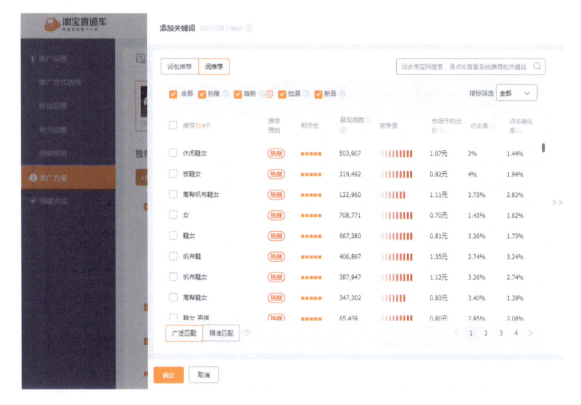

图 4-6　直通车后台添加关键词界面

（2）关键词筛选。收集好关键词后，就要对相关关键词进行筛选。针对处于不同阶段的产品在选择关键词时的标准应该有所侧重。典型的产品生命周期一般可以分为引入期、成长期、成熟期和衰退期。下面就针对处于不同阶段的产品给出关键词筛选原则。

1）处于引入期的商品，特点是没有销量、没有评价。这一阶段的商品没有销量和评价做支撑，如果选择热门关键词，这类词流量虽然可观，但通常竞争较为激烈，不一定能够获得好的排名。所以，对于引入期的商品应该优先考虑有一定流量的精准的长尾关键词，再由长尾关键词逐渐拉动热门关键词提升排名。因为如果选择长尾关键词，虽然初期流量可能不大，但排名竞争相对较小，精准性好，转化率高，且可以循序渐进地拉动核心关键词的排名。

2）处于成长期的商品，特点是有一定销量和评价，但人气不高，排名较低。针对这一阶段的商品应以高点击率为优先衡量指标，可以采用精准的长尾关键词和热搜词相结合的方案，热搜词的比例可以占到 40%～50%。

3）处于成熟期的商品，特点是高销量、高人气、高排名，筛选关键词时就要找热搜词，冲流量、促销量，同时要注意标题的规范性，提升客户体验。

4）处于衰退期的商品。这一阶段的商品不需要花很多精力进行优化，可以尝试选择促销关键词，吸引对促销商品感兴趣的客户，促进商品销售。

（3）商品标题撰写和优化。商品标题的撰写和优化是淘系 SEO 工作的重中之重，基本思路是要充分利用标题有限的信息空间，合理利用相关关键词，并进行合理的布局和组合，借助好的商品标题为商家带来更多、更精准的流量。撰写商品标题应遵循以下原则：

1）充分合理利用标题的 30 个汉字，避免无效留空。淘宝商品标题限制在 30 个汉字内，即 60 个字节内。为了获得更多的展示机会，商家要使商品标题包含尽可能多的关键词。过短的标题，或者与产品相关性不大的关键词，或者不能提高点击率的关键词都是不可取的做法。

2）添加热搜词，方便客户快速找到商品。商家在设计商品标题时，既要熟悉自己商品的特性，也要了解客户的搜索习惯。在标题中适当添加热搜词，可以吸引更多的搜索流量。但要注意针对处于不同生命周期的商品，热搜词的使用策略也是不同的。

3）利用标题传递商品的卖点和店铺的优势，吸引客户眼球。好的商品标题不仅要被买家搜到，还要进一步激发买家点击购买。在标题中要突出产品的卖点和店铺的优势，这样商品才能不仅仅获得展示，而且获得点击购买。

4）标题优化要注重细节。关键词的位置排列是影响搜索排名的一个因素，通常排在前面的关键词权重略高，因此，核心关键词和品牌关键词尽量排在前面。同时，标题要符合用户的阅读习惯，提升用户体验。

（4）标题优化中的规范。

1）不要过度堆砌关键词。所谓关键词堆砌，是指将与产品相关的多条关键词直接罗列，其中包含多个重复字词，标题语句不通顺，例如：充气床单人充气床单人蜂窝充气床单人床宽 99cm 单人立柱充气床包邮。

2）不要滥用符号。淘宝平台允许在商品标题中使用的符号是空格或者"/"，一般情况下建议使用空格，但有的时候为了使标题看起来更加可读，也可以使用"/"，比如苹果 7/7s，要比苹果 7、7s 更加可读。除了这两个符号，使用其他符号将关键词括起来会导致商品在淘宝平台搜索结果中的权重下降。

3）不要使用和当前商品类目、属性不一致的关键词。例如出售的是女装 T 恤，就不能出现童装等非女装 T 恤类关键词。

4）不要滥用品牌词。商品如果不是品牌授权商品则不可使用品牌词。例如出售的不是耐克授权商品，不可以在商品标题中出现"耐克"这一品牌词。

5）注意敏感词。敏感词为淘宝禁止或不明确允许发布的关键词，例如淘宝特许、出口原单、LV 正品、GUCCI 授权等。

5．商品上下架时间管理

前文已经介绍过，为满足用户查找和商家商品展示的需要，在淘宝搜索规则中，其他因素相同的情况下，商品距离下架时间越短越容易排名靠前。那就要求商家做好商品上下架时间管理的工作，合理安排商品上下架。

（1）上下架时间选择。商家要根据行业网络行情判断买家访问和购买的时间高峰，以此为依据确定相应的商品上下架时间。

（2）分时上架策略。分时上架策略就是把商品分成若干批，在不同时间分别上架的策略。这种策略能够保证每天店铺都会有不同的商品接近下架，从而排名靠前，获得展示。不会出现所有商品同时段发布，同时段一起下架的情况。

6. 做好日常运营工作，提升服务水平，积累商品人气

做好上述工作后，关键就是要做好商家日常运营工作，提升客户服务水平，提升阿里旺旺响应度，做好客户对店铺及商品的收藏、加购、评价的引导工作，提升店铺转化率、客户的重复购买率、店铺 DSR 值，减少投诉率、纠纷退款率。

通过上述分析，我们了解了商品类目选择、关键词选择、上下架时间优化、服务水平提升等部分 SEO 工作，但实际上影响淘系 SEO 工作的因素还有很多。而且，随着网络市场的变化，淘系 SEO 的内容会不断变化，要真正做好淘系 SEO 工作、获取自然搜索流量，关键在于了解淘系 SEO 工作的内涵。

淘系 SEO 工作表面上是针对淘宝搜索机制的不断优化，但其本质是如何为客户着想，通过 SEO 优化工作将客户需要的商品排名提前，从而满足客户最终的消费需求。因此，做好淘系 SEO 工作的关键是商家能否基于自身条件来考虑市场需要，真正给消费者提供优质的商品和服务。不仅仅是要做好商品的关键字选择、布局、类目判断、上下架时间等工作，还需要做好前期的调研、市场细分、客户定位，做好商品的结构布局、选款、定价、促销及商品的文案，做好售前、售中、售后等服务工作。

总之，影响淘系 SEO 的因素众多，且随着网络环境的变化，影响因素也会不断变化，但淘系 SEO 的根基在于市场本身、客户本身，只有真正提供给客户高质量、优质服务的产品，真正满足客户需求，才能做好 SEO 工作，这才是淘系 SEO 的关键所在。

任务三 付费流量引入

一、淘宝客推广

1. 淘宝客推广的概念

淘宝客推广是一种按照成交计费（CPS）的广告推广模式，商家参加淘宝客推广，淘宝客（个人或网站主）会将商家的商品投放到网站、App、微博、微信、QQ 群等站外渠道进行推广，若有买家通过淘宝客推广的链接进入店铺购买商品并交易成功，商家需要支付佣金给淘宝客。

淘宝客的概念及佣金计算

淘宝客推广的最大特点是，它是一种非常有效的、按成交计费的推广模式，商品展示、点击、推广全部免费，只有在成交后才需要支付佣金。而且它能随时调整佣金比例，灵活控制支出成本。第二大特点是淘宝客将会在整个互联网帮助店铺推广商品，能额外获得更多的成交机会和更广泛的顾客类型。

2. 淘宝客推广的组成

在淘宝客的推广中，包含推广平台、卖家、淘宝客、买家四大角色，它们每一个都是不可缺失的环节，如图4-7所示。

（1）推广平台。推广平台帮助卖家推广商品，帮助淘宝客赚取佣金，并对每笔推广成功的交易抽取相应的服务费用。这个平台就是阿里巴巴旗下"跨平台、跨屏幕、跨渠道"的全域营销平台阿里妈妈（www.alimama.com）。在阿里妈妈营销

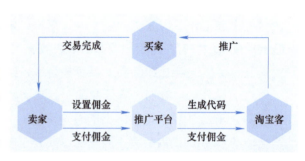

图4-7 淘宝客推广的组成

平台旗下的淘宝客推广模块，帮助卖家推广商品的部分叫作"淘宝客卖家平台"；帮助淘宝客筛选卖家商品，获取推广链接的部分叫作"淘宝联盟"。

（2）卖家。卖家即佣金支出者，他们提供自己需要推广的商品，并设置每卖出一件商品愿意支付的佣金。

（3）淘宝客。淘宝客即佣金赚取者，他们在淘宝联盟中找到卖家发布的商品，挑选并推广出去，当有买家通过他们的推广链接成交后，他们就能够赚取到卖家提供的佣金（其中一部分需要作为淘宝联盟的技术服务费）。

（4）买家。买家即普通的消费者，网络购物的人群。

3. 淘宝客佣金计算

一旦淘宝客推广商品成交则自动从卖家支付宝中扣除相应的佣金支付给淘宝客。卖家支付佣金＝商品实际成交价格（不包含运费）×商品佣金比率。

具体淘宝客佣金设置规则如下：

1）卖家可以随时在佣金范围内调整主推商品佣金比率。

2）卖家可以随时在佣金范围内调整店铺各类目统一的类目佣金比率。

3）买家从淘宝客推广链接进入起15天内产生的所有成交均有效，淘宝客都可得到卖家支付的佣金。

4）佣金根据商品实际成交金额（不包含运费）乘以商品佣金比率计算。

5）如果买家通过淘宝客推广链接直接购买了店铺中的主推商品，则按照该商品对应的佣金比率结算佣金给淘宝客；如果买家通过淘宝客推广链接购买了店铺内非主推商品，则按照店铺各类目统一的类目佣金比率结算佣金给淘宝客。

4. 淘宝客推广的加入条件

淘宝平台卖家要加入淘宝客推广需要满足以下条件：

1）店铺状态正常。

2）店铺近 30 天内成交金额大于 0。

3）淘宝店铺掌柜信用≥300 分。

4）淘宝店铺近 365 天内未存在修改商品如类目、品牌、型号、价格等重要属性，使其成为另外一种商品继续出售而被淘宝处罚的记录。

5）店铺账户实际控制人的其他阿里巴巴平台账户（以淘宝排查认定为准），未被阿里巴巴平台处以特定严重违规行为的处罚，未发生过严重危及交易安全的情形。

6）店铺综合排名良好。

5. 商家淘宝客推广流程

总体来讲，商家淘宝客推广流程主要包括商家加入淘宝客推广、计划设置、开始推广三个步骤。

（1）商家加入淘宝客推广。商家加入淘宝客推广的具体操作流程如下：

1）打开"卖家中心"→"营销中心"→"我要推广"，单击淘宝客推广。

2）签署淘宝联盟服务协议，同意支付宝付款协议。同意支付宝付款协议后，一旦淘宝客推广商品成交则自动从支付宝中扣除相应的佣金支付给淘宝客。注意，商家加入淘宝客推广默认全店商品参加，无法选择某一商品参加或者不参加，可针对不同商品设置不同的佣金比率，未设置佣金比率的商品将按照该商品对应类目下的佣金比率计算佣金。图 4-8 为商家淘宝客推广首页。

图 4-8　商家淘宝客推广首页

（2）计划设置。淘宝客后台计划管理分为两大类：一类是 CPS 计划管理；另一类是全新改版的营销计划。

1）CPS 计划。CPS 计划管理包含三种计划：通用计划、定向计划、如意投计划。

① 通用计划。通用计划是卖家加入淘宝客推广默认开启的计划，主要由淘宝客单独获取某个商品或店铺的推广链接发送到淘宝网以外的地方进行推广。通用计划对全店商品进行推广，目前只能设置类目佣金比率。通用计划主要用于店铺推广和类目推广，可以设置的佣金比率范围是：类目最低佣金比率至 50%。开通淘宝客推广后，通用计划是无法暂停和关闭的。

通用计划的设置步骤是：首先进入通用计划，然后分别填写类目佣金比率，如图 4-9、图 4-10 所示。

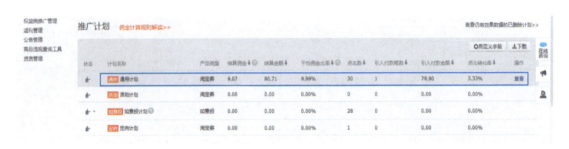

图 4-9　进入通用计划

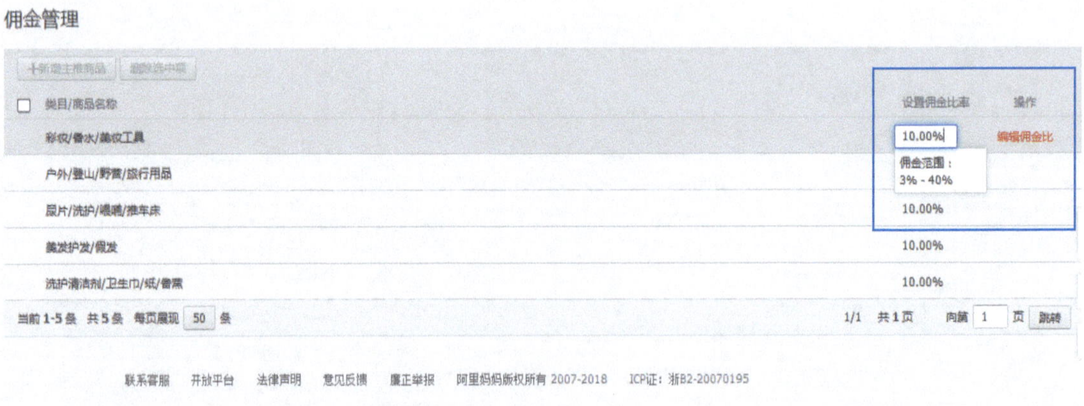

图 4-10　填写类目佣金比率

② 定向计划。定向计划是卖家针对不同质量的淘宝客设置的推广计划。区别于通用计划，定向计划是由卖家在后台自行创建的，可以邀请一些优质淘宝客来帮助推广店铺或爆款商品，设置的佣金比率要比通用计划高。目前，定向计划只能设置为不公开且手动审核。

定向计划也是全店商品参加，需要设置类目佣金比率，也可以针对主推商品单独设置佣金比率。未设置成主推商品的商品则按类目佣金比率结算。定向计划可以设置的佣金比率范围是：类目最低佣金比率至70%。定向计划运行七天后可手动暂停，暂停后无法重新开启。暂停的定向计划可自行删除。

定向计划的设置步骤是：新建定向计划——新增主推商品——设置商品佣金，如图4-11～图4-13所示。

③如意投计划。如意投计划是阿里巴巴官方为淘宝卖家量身定制的，帮助卖家快速提升流量、按成交付费的精准推广营销服务。系统根据卖家设置的佣金比率和商品的综合质量情况，将商品智能推送到爱淘宝搜索结果页、中小网站橱窗推广等页面上展现。如意投计划既可以设置类目佣金比率，也可以针对主推商品单独设置佣金比率。如意投计划可以设置的佣金比率范围是：类目最低佣金比率至50%。如意投计划可随时暂停，但再次开启需要等暂停15天以后。如意投计划无法删除。

如意投计划推广的特点是：投放计划由淘宝网实施，不需要卖家自己找淘宝客，淘宝客平台根据商品转化率、成交量、浏览量以及佣金比率来投放广告。

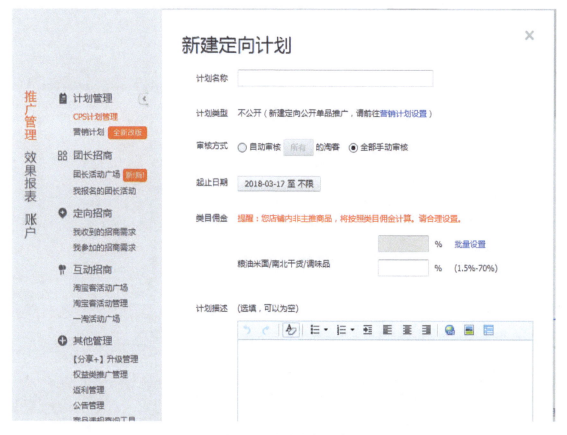

图4-11 新建定向计划

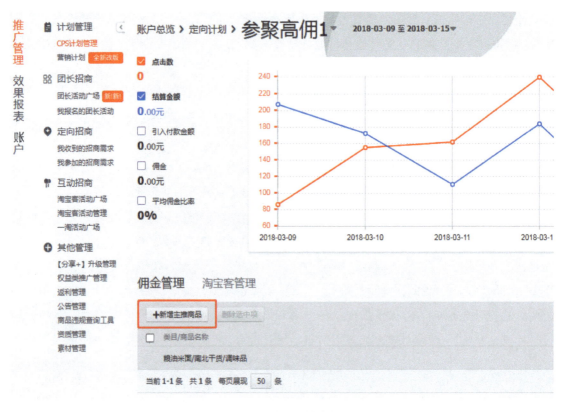

图 4-12 新建主推商品

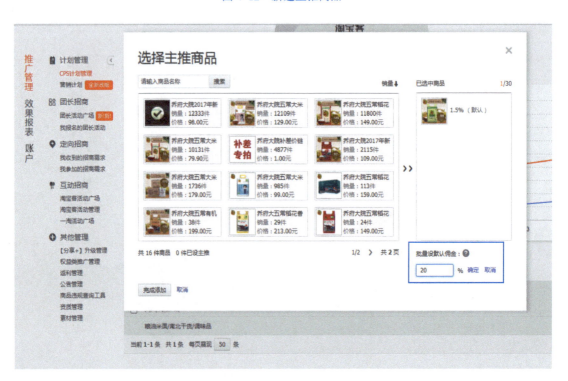

图 4-13 设置商品佣金

2）营销计划。营销计划是淘宝联盟全新改版的推广计划。营销计划支持单个商品推广，商家可自定义设置推广单品、阿里妈妈推广券（即淘宝客渠道优惠券）、推广佣金、推广时间等，并支持查看推广实时数据及多维度推广效果。

（3）开始推广。完成推广计划设置后就可以进行淘宝客推广。

6. 淘宝客工作流程

淘宝客主要在自己的网络资源上投放卖家的广告，淘宝客可以是个人或网站主，网络资源可以是网站、App、微博、QQ 等任何可以发布链接的地方。淘宝客需要在阿里妈妈网站上注册自己的淘宝客账户，提交自己的网络资源并等待审核通过，之后再把卖家要推广的商品链接（代码）添加上去即可。

1）注册淘宝客账户。在阿里妈妈网站注册即可，也可以使用淘宝账号登录，如图 4-14 所示。

图 4-14　淘宝客阿里妈妈登录界面

2）登录联盟账户。单击"进入我的联盟"，登录后就相当于进入了一个淘宝客淘宝联盟管理界面，如图 4-15 所示。

图 4-15　淘宝客淘宝联盟管理后台

3）单击"推广管理",添加自己的媒体资源。添加的网络资源可以是自己的网站、自有 App 客户端、PC 客户端等,也可以是他方的社交平台或内容平台等,这些网络资源添加成功后,就可以利用已添加的网络资源进行淘宝客推广了,如图 4-16 所示。

图 4-16　淘宝客"推广管理"界面

4）单击"我要推广",选择要推广的商品或店铺,开始推广,如图 4-17 所示。

图 4-17　淘宝客"我要推广"界面

二、直通车推广

1. 直通车的概念

淘宝直通车是淘宝搜索(非天猫商城搜索)付费推广的一种竞价广告系统,类似于百度竞价广告，商家通过直通车后台设置关键字、创意文案、排名出价，用户通过搜索相关关键字查看搜索广告结果，商家按照客户点击付费（CPC）。

淘宝直通车具有以下特点：见效快、针对性强，相比传统按展示付费（CPM）的广告，直通车按照点击付费（CPC），收效容易统计，效果明显。

2. 直通车的加入条件

1）店铺状态正常。

2）用户状态正常。

3）淘宝店铺的开通时间不低于 24 小时。

4）近 30 天内成交金额大于 0。

5）商品类目在允许推广的范围内，详见"商品推广类目准入明细"（https://rule.alimama.com/#!/product/index?type=detail&id=401&knowledgeId=6995）。

6）店铺综合排名情况。它是指阿里妈妈通过多个维度对商家进行排名，排名的维度包括但不限于商家的类型、店铺主营类目、店铺服务等级、品质退款率、成交量、店铺的历史违规情况等，以及阿里妈妈认为不适宜加入直通车的因素。

3. 直通车的展现逻辑及收费原理

（1）展现逻辑。直通车根据关键词质量分和出价综合衡量确定商品的排名。

$$直通车推广的商品排名 = 出价 \times 质量分。$$

式中，质量分是衡量关键词、推广商品和淘宝用户搜索意向三者之间关系的综合指标。

质量分的计算维度包括：

1）创意质量。它是指推广创意图片的反馈效果，包括推广创意的点击反馈、图片质量等。

2）相关性。它是指关键词与推广商品类目、属性、标题等信息的相符程度。

3）买家体验。它是指买家在店铺的购买体验和近期的关键词推广效果，包括直通车转化率、收藏和加入购物车的商品数、关联营销情况、详情页加载速度、好评率、阿里旺旺反应速度等影响购物体验的因素。

（2）收费原理。直通车按点击收费，展现不收费，收费金额小于或等于出价。

$$单次点击收费 = （下一名出价 \times 下一名质量得分）/ 推广商品质量分 + 0.01 元$$

4. 直通车推广分类及展现位置

直通车推广分为智能推广和标准推广。

智能推广是系统为卖家提供的智能化推广功能，卖家只需要进行简单的计划设置，即可开始直通车推广，系统将根据选择的商品自动匹配海量的高品质流量，同时支持单宝贝智能投放和多宝贝快捷推广。建议新手卖家使用智能推广。

标准推广可以满足卖家自定义设置需求，可以基于推广商品自主设置人群、关键词、出价等。

（1）直通车推广 PC 端展示位。直通车推广 PC 端展示位是淘宝 PC 端搜索结果页带有"掌柜热卖"标识的商品所在的位置，具体包括搜索结果页左侧前 1～3 个直通车展示位，搜索结果页右侧 16 个直通车展示位，以及搜索结果页底部 5 个横着的展示位，如图 4-18 所示。

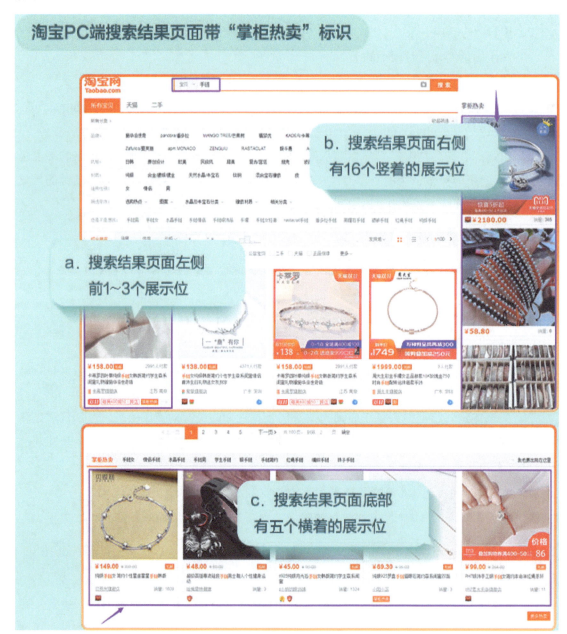

图 4-18　直通车推广 PC 端展示位

（2）直通车推广无线端展示位。直通车推广无线端展示位是淘宝无线端搜索结果页带有"HOT"标识的商品所在的位置。无线端直通车展示位和自然流量混合排布，中间隔5～10个自然搜索的商品，然后有一个直通车的展示位置，如图4-19所示。

图4-19 直通车推广无线端展示位

5．直通车推广流程

（1）加入直通车。打开营销中心——我要推广——营销入口——淘宝直通车——签署服务协议——开通——充值。

（2）标准计划推广操作流程。新建推广计划——推广宝贝——添加创意——设置关键字——上线推广。

1）新建推广计划。单击"推广"，新建推广计划，如图4-20所示。

图4-20　新建推广计划

2）推广设置。

① 推广方式选择。选择一种推广方式，如图4-21所示，推广方式包括"智能推广"和"标准推广"。智能推广即系统托管的方式，标准推广则由卖家手动设置策略。新手开直通车建议使用智能推广。

图4-21　直通车推广方式选择

② 投放设置。设置计划名称、日限额和高级设置，如图4-22所示。设置日限额能将卖家的花费有效地控制在计划内。其中，高级设置可以对投放平台、投放地域和投放时间等参数做进一步细化设置。

图 4-22　直通车投放设置

③ 单元设置。选择推广的宝贝，如图 4-23 所示。选品是开直通车的第一步，也是最重要的一步，通过市场需求和消费者喜好、商品流量、访客、转化、收藏，就可以确定商品的受欢迎程度，是否适合进行直通车推广。

图 4-23　选择推广宝贝

④ 创意预览。如图 4-24 所示，新建流程中，默认使用主图作为宝贝创意，卖家可以在新建完成后在"创意板块"进行更换。然后单击"下一步"，设置推广方案。

图 4-24　创意预览

3）推广方案设置。设置关键词及出价。新手开直通车建议开启流量智选，同时也可以通过单击"更多关键词"，添加自选关键词，并完成关键词出价、匹配模式等设定，如图 4-25、图 4-26 所示。

图 4-25　添加关键词 1

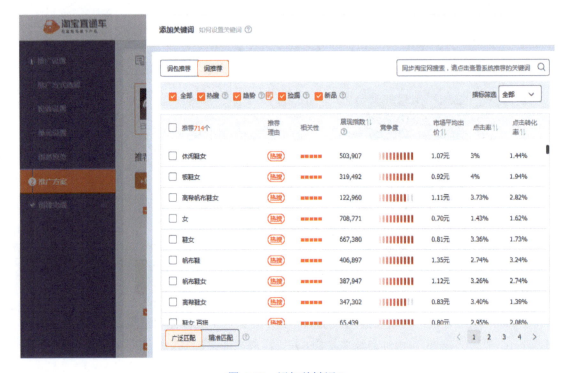

图 4-26　添加关键词 2

添加关键词时，由系统为卖家自动匹配关键词、相关关键词（即卖家进行搜索展示的关键词），卖家根据宝贝的需要选择相应的关键词，设置默认出价即可完成。每个宝贝最多可以添加 200 个关键词。

4）单击"创建完成"，即可开始推广。

6．直通车推广选品原则

直通车推广的选品针对不同阶段的卖家并不相同。如果是新手卖家，刚开始使用直通车做推广，主要是通过主观选品，选品原则如下：

（1）符合市场需求。做推广的商品市场需求一定要大。

（2）无违规降权。违规降权的商品对自然流量和直通车推广效果都有很大的影响，不可选择作为直通车推广商品。

（3）收藏量。商品的收藏量决定了商品的受欢迎程度，收藏的用户更有可能转换为客户，所以应优先考虑具有一定收藏量的商品。

（4）应季商品。应季的商品能够保证商品的畅销度，尤其是季节性明显的类目。

（5）保证利润空间。利润过低的产品不适合推广，推广盈利较困难，要选择有一定盈利空间的商品。

（6）有特色。能够保证商品的独特性，提高客户黏性。

（7）库存。选择具有充足库存的商品进行推广，且确保供应链稳定，有利于商品通过推广后成为爆款。

（8）产品质量。产品质量一定要过关，否则推广后差评过多会严重影响后续推广。

如果是成熟店铺，商品已经有了一定的销量，进行直通车推广时，需要客观选品，即数据化选款，主要目的是通过数据对比来挑选需要重点培养的商品进行直通车推广，借助的工具主要是生意参谋。数据化选款主要有测款和定款两个步骤。

7．创意文案的设置

编辑商品的推广创意，包括标题和图片。可以勾选五张主图中的一张作为创意图片，编辑创意标题时建议突出宝贝的属性、功效、品质、信誉、价格优势等，同时也可以添加一些热门词，字数控制在 40 个字符以内（一个汉字为两个字符），尽量不要使用特殊符号。

每个直通车推广商品可以设置多条创意文案，建议卖家添加多条不同的创意文案进行差异对比，通过点击率的不同，不断进行文案优化。

8．关键词的质量分优化

前文已经介绍过，直通车推广的商品排名 = 出价 × 质量分。这就意味着商家开通直通车推广的后续任务就是要不断提高质量得分，不断优化价格因素。这里重点关注如何提升关键词的质量得分。影响关键词质量得分的主要因素有创意质量、相关性和买家体验，要想提升关键词的质量得分需要做好以下工作：

（1）提高关键词与宝贝标题、创意推广标题的相关度，即在宝贝标题和创意推广标题中尽量出现用户所选择的关键词。

（2）提升关键词类目相关度。保持商品发布的类目和关键词的优先类目的一致性，注意不要错放类目。

（3）提升发布宝贝时选择的属性与关键词的一致性。

（4）不断优化创意。通过设置多条创意，关注推广创意的反馈效果，不断测试优化推广创意。关注推广创意的点击反馈、图片质量等。

（5）通过页面装修、关联营销、提升客户服务水平等方式来提升客户体验。

三、钻石展位推广

1. 钻石展位的概念

钻石展位（简称钻展，平台中使用"超级钻展"）是面向全网精准流量实时竞价的展示推广平台，支持按展现收费和按点击收费，以精准定向为核心，为卖家提供精准定向、创意策略、效果监测、数据分析等一站式全网推广投放解决方案，帮助客户实现更高效、更精准的全网数字营销。

钻展的特点有：

（1）超大流量，引流成本可控。钻展的展示位置覆盖淘宝网首页、天猫首页和无线端等站内资源位，以及各大视频、门户、社区网站等全网优质流量资源；支持按展示付费（CPM）和按点击付费（CPC），引流成本可控。

（2）全网大数据，精准锁定目标买家。通过群体定向、访客定向、兴趣点定向和达摩盘（DMP）定向等多种定向方式，圈定目标客户，精准展现广告。

（3）多样化展示，高效提升品牌价值。钻展以图片、动画（Flash）、文字等多种形式展现，无论卖家是需要在短时间内为店铺营销活动和销量引流，还是面向目标客户积累多次品牌印象，提升品牌价值，都可以通过钻展丰富的展现形式实现。

（4）全程智能化投放，便捷推广。全网大数据让卖家投放有理有据；智能投放工具为卖家实现一键推广模式；全面效果监测，随时了解投放效果，及时调整投放策略。

2. 钻石展位的加入条件

（1）淘宝网和天猫卖家店铺 DSR 每项必须在 4.4 及以上。

（2）淘宝店铺要求商家店铺信用等级一钻以上，天猫店铺无此要求。

（3）店铺无任何淘宝或天猫严重违规行为、出售假冒商品、虚假交易相关规定的处罚记录等。

（4）店铺主营类目在支持投放的主营类目范围内。

3. 钻石展位的资源位

钻展的资源位主要包括淘宝、天猫首页，各个频道大尺寸展位、淘宝无线端，以及淘宝站外如新浪微博、腾讯、优酷等各大优势媒体。钻石展位的资源位可以在钻展后台

"资源位"中查看，其中"网上购物"为淘宝站内的资源位，其他为全网资源。

钻石展位为卖家提供两类推广计划：为店铺引流计划和为宝贝引流计划。

（1）为店铺引流计划的主要资源位是 PC 端淘宝首页焦点图和无线端淘宝首页焦点图。

当设置为店铺引流推广计划时，推广落地页可以是宝贝详情页面、店铺首页或店铺自定义页面。

（2）为宝贝引流计划的主要资源位是无线端"猜你喜欢"（资源位分布在手机淘宝首页、手机淘宝购物车、收藏夹、支付成功页、确认收货页、订单列表页、订单详情页、物流详情页等各个购物链路场景中）等位置。当设置为宝贝引流推广计划时，推广落地页应设置为宝贝详情页。

4. 钻石展位的展现逻辑

钻展按照出价高低顺序进行展现。系统将各时间段的出价按照竞价高低进行排名，价高者优先展现，出价最高的预算消耗完后，轮到下一位，依此类推，直到该时段流量全部消耗，排在后面的将无法展现。

获得的总流量（即购买到的 PV）= 总预算 /CPM 千次展现单价 ×1000

在同样的预算下，CPM 千次展现单价越高，获得的流量反而越少，因此需要在保证出价能展现的基础上合理竞价。具体举例见表 4-1。

表 4-1　钻石展位展现逻辑举例

客户	CPM 千次展现单价（元）	总预算（元）	购买到的 PV	展示顺序
A	5	500	100 000	2
B	3	1000	330 000	3
C	7	800	110 000	1
D	2	3000	1 500 000	4

A 客户购买到的 PV：500/5×1000 ≈ 100 000。
C 客户购买到的 PV：800/7×1000 ≈ 110 000。

5. 钻石展位的定向理论

钻展的定向是指每个访问淘宝的访客都会形成搜索、浏览、收藏、购买等各种行为，系统会根据这些行为给访客打上各种标签。比如一个人在淘宝上经常购买美白面膜，那么系统会在他身上打上"美白面膜""女性"等标签。

在设置定向时，卖家可以通过钻展系统来圈定这些已打上标签的人群，从而实现只把广告创意展现给这部分访客。因此，每个行为不同的人在同一时间打开钻展的广告位，看到的广告都是不一样的。通过合理定向，可以实现把广告展现给特定的人群，获得精准流量和好的广告效果。通过定向获取的流量叫作"定向流量"；没有定向的流量，系统里叫作"通投流量"。

6. 钻石展位收费原理

钻石展位支持按展现收费和按点击收费的模式。

（1）按展现收费，可以精准化圈定人群。按照 CPM 竞价收费，即按照千次展现收费，点击不收费。按照竞价高低进行排名，价高者优先展现。

【举例】

如卖家出价 6 元，那么该卖家的广告被展现 1000 次收取 6 元。

钻展系统会自动统计展现次数，并在钻展后台报表中给予反馈，不满 1000 次的展现系统自动折算收费。

$$实际收费 = 下一名 CPM 结算价格 +0.1 元$$

（2）按点击收费，点击成本可控。按照 CPC 竞价收费，即展现免费，点击收费。点击收费投放模式下，将"点击出价"折算成"千次展现的价格"，折算后的 CPM 出价与其他商家进行竞争，价格高的优先展示。

$$CPM=CPC×CTR×1000$$

式中，CPC 是卖家在后台的设置出价；CTR 是点击率，是系统参考创意的历史 CTR 来计算预估的。如果创意是新上传的，没有历史 CTR，则会先参考同行在相同定向、资源位上的平均 CTR 作为初始 CTR；在投放过程中，用最新的 CTR 来修正预估 CTR。

竞价成功后，将"下一名 CPM 结算价格 +0.1 元"作为实际收费的 CPM 价格，根据公式换算成 CPC。

根据 CPM=CPC×CTR×1000，推算出 CPC=CPM/（1000×CTR）。

【举例】

商家 A 设置的"点击出价"是 0.8 元，预估 CTR 是 5%。那么，参与竞价的 CPM=CPC×CTR×1000=0.8 元 ×5%×1000=40 元。也就是说，按点击收费模式设置的出价是 0.8 元，实际是以 40 元的 CPM 参与竞价，最后根据 CPM 出价高低进行展现排序。

假设下一名 CPM 结算价格为 29.9 元，则商家 A 投放结算的 CPM 价格为 29.9 元 + 0.1 元 =30 元。最终通过下一名 CPM 结算价格 +0.1 元，即 30 元，作为最后实际收费的 CPM 价格。

实际收费 CPC=30 元 /（1000×5%）=0.6 元。

7．钻石展位推广流程

（1）新建计划。

1）选择广告推广方式。选择广告推广方式即广告出价模式是按照点击收费还是按照展现收费，创建方案是按照自定义模式还是按照系统推荐模式。自定义模式是指卖家自行确定选择广告位和广告费用。系统推荐模式是指系统根据商家情况自动设定一套推广资源位和广告费方案。

2）填写计划基本信息。填写计划名称、每日预算、投放日期、投放方式、区域及投放时间等。

（2）新建推广单元（资源位选择）。如图 4-27 所示，新建推广单元设置包括填写单元名称，设置定向人群，选择投放资源位及设置出价。注意：同一个单元投放的广告，共享投放人群、投放资源位和投放出价、创意，因此在相同单元投放广告的商品一定要在投放人群、时间和投放资源位上有一定的共性，这是划分单元的基础。

定向人群即对广告投放人群进行定位。在钻展系统里定向人群可以按照访客、DMP、兴趣点、群体等多种方式进行定向，选择投放人群，并针对投放人群出价。

图 4-27　新建推广单元

(3) 添加创意。如图4-28所示，添加创意要设置钻石展位的创意类型，上传创意和链接。商家在添加创意时可以从创意库中选择已经审核通过的创意，也可以在线制作创意。最后，保存该推广单元，并且在一个计划中可以创建更多推广单元。

图4-28　添加创意

（4）完成投放。单击"创建完成"，完成钻展投放。

任务四　活动流量引入

一、促销活动策划

促销活动也是提升店铺流量的常用方法，有效的促销活动不仅能获得流量，还能提高转化率，提升店铺的交易额，提升品牌形象。

活动策划就是要明确为什么开展活动、用什么形式开展、在什么时间开展、开展什么内容的活动等问题。活动策划主要包含确定活动目标、确定活动主题、选择活动类型和选择活动时机等内容。

1. 确定活动目标

促销活动策划首先要有明确的目标。不同的目标，采取的策略和手段不同，工作的重点也不同。通常网店促销活动的主要目标有引入流量、提升销售额、提升品牌知名度以及获得更多客户等。

（1）引入流量。通过开展促销活动能够在短时间内迅速提升店铺的流量。特别是参加一些平台活动时，如"双11"、聚划算、淘金币、天天特价等，活动当日可以为店铺带来巨大的流量，如果能做好后续的二次营销，活动效果还将不断提升。

（2）提升销售额。通过开展活动增加店铺的销售额是所有促销活动的最终目的。销售额的提升既能通过推出新产品、热销产品吸引买家的注意，也能通过价格的优惠促进买家大量购买。

（3）提升品牌知名度。当店铺逐渐发展，积累了一定的信用和客户后，开展有效的促销活动不仅能够增加销量，还能进一步提升品牌知名度，提升用户的忠诚度。比如裂帛、茵曼等知名淘品牌就是通过参加各种活动逐渐成长起来的。品牌的建立是店铺长期发展的有效保障。

（4）获得更多客户。客户资源是店铺发展的基础，促销活动既能够巩固与已有客户的联系，争取回头客，又能够帮助店铺获取更多的新客户，为网店的发展奠定良好的基础。

对于新店铺，往往流量较小，此时店铺开展促销活动的主要目的是引入流量。当有了稳定流量后，如何将流量转化为销售额会成为促销活动的主要目标。随着店铺规模逐渐扩大，维持客户将成为促销活动的主要目标。所以，针对店铺运营的不同阶段，促销活动的侧重点也不相同，店铺要结合自身的情况，选定合适的促销活动目标。

2．确定活动主题

活动主题是传递给顾客的活动意义和活动目的，它贯穿于整个活动的全过程，为整体策划做铺垫。通常采用借势的方法，结合节日、当下热门话题及市场大环境的销售热点来制定活动主题。比如"夏日清凉采购节""中秋员工礼，开'惠'不开会"。

3．选择活动类型

淘宝每天都会推出不同类型的促销活动，店铺内部也可以开展多种形式的促销活动，选择什么活动要根据促销的目标、店铺自身的条件和活动本身的要求进行选择。参加一个好的活动，能在短期内为店铺带来爆发性的流量。

网店可以选择开展的促销活动主要有淘宝官方活动和淘宝店内活动两大类。淘宝官方活动是淘宝网开展的促销活动。淘宝店内活动是卖家通过订购淘宝提供的促销工具在自己店铺开展的活动。

（1）淘宝官方活动。淘宝官方活动是指淘宝官方组织的优惠或促销活动，活动主要在淘宝网频道、专题页面展示。这类活动拥有广泛的受众群体，具有影响力大、流量大的特征，商家参加这类活动可以提高品牌知名度、促进销售、积累客户、清理库存。淘宝官方活动主要包括品牌型活动、行业型活动和节庆专题活动，除此之外还有专门面向无线端的手机淘宝活动。

1）品牌型活动。聚划算、淘抢购、淘金币、试用中心、全球购、天天特价、极有家、中国制造等活动属于品牌型活动。这类活动面向整个淘系平台，受众广、流量大，因此对销量拉动和品牌推广效果比较明显。

2）行业型活动。行业型活动即面向行业的专场活动，如男装、女装、化妆品、家电、运动等不同类目的活动，这类活动流量入口主要分布在行业频道页，因此相对没有品牌型活动影响力大。

3）节庆专题活动。面向节庆、主题的专场活动，如"双11""双12"、七夕专场、新风尚等，这些活动中尤其是"双11""双12"专场可以算得上所有网民的狂欢，流量可想而知。

（2）淘宝店内活动。淘宝店内活动就是商家以品牌推广、新品预售、清仓处理、积累客户为目的，以节日、事件为载体，通过限时打折、积分、满就送等手段有计划实施的一系列促销活动。大多淘宝店内活动都要借助促销手段来实现，所以淘宝店内活动是商家活动和促销工具的综合运营。常用的促销工具有满就送、搭配套餐、店铺卡券、限时打折等。

1）满就送。满就送是淘宝为商家提供的一款店铺促销工具，可以帮助卖家设置满就送的功能，即当买家在商家店铺消费满一定金额时，商家可以给买家送出各种各样的服务，包括直接减少现金、包邮及送积分、优惠券、电子书、彩票等。因为满就送有一定的时效限制，同时有一定的金额要求，所以开通满就送能够激发买家的购买欲望，提升客单价。如果设置满就送优惠券，则还会引导买家二次购买。

2）搭配套餐。搭配套餐是淘宝提供给商家的一款比较实用的促进用户关联消费的营销工具，尽管搭配套餐没有时效性，但由于通过套餐的搭配可以提高整体购买商品的性价比，所以能够调动买家的购物热情，不仅可以提升商家的店铺转化率，同时有利于提升买家购买的客单量。在设置搭配套餐时应该注意以下技巧：

①关联性强。既然是搭配套餐，在商品的搭配过程中一定要注意商品结构的搭配，关联性要强，不然强制搭配的套餐不仅不会带来有效的结果，反而可能降低消费者的购物热情。

②搭配数量。一个搭配套餐最多可以将五件商品搭配在一起，也可以将少于五件商品进行搭配。

③巧妙利用搭配套餐。巧妙利用搭配套餐不仅可以避免宝贝信息发布出现SKU作弊问题，还可以带动多款商品的销售，提升客单量的同时，有利于带动多个商品销量和评价的共同提升。

3）店铺卡券。店铺卡券即以前的淘宝优惠券，通过这款工具卖家可以针对店铺发放优惠券，也可以针对定向产品给买家发放不同面值的优惠券。由于卡券有一定的使用期限，可以借此刺激买家到店消费，提升店铺转化率，提升消费者重复购买率。

4）限时打折。限时打折是淘宝为商家提供的一款打折工具产品，通过期限内商品打折来提升消费者的购买热情。限时打折是促进消费者购买、提升店铺转化率的一款有力工具。

4. 选择活动时机

选择活动时机需要结合活动类型来确定。如果参加淘宝店外活动，一般可根据淘宝官方推出的活动时机开展活动；如果开展淘宝店内活动，可以根据活动主题和目标来选择恰当的时机。常见的活动时机如下：

（1）结合季节开展活动。例如，春日踏青、夏日清凉等。

（2）结合节日开展活动。例如，元旦、春节、中秋等传统节日，也可以选择情人节、七夕节、父亲节、母亲节等非传统节日策划活动。

（3）配合近期的热门话题。近期热播的电影、社会事件等都可以作为活动策划的主题。

（4）网店自身纪念日。例如，网店成立纪念日、年中庆等。

二、促销活动准备

在促销活动策划中，确定了活动目标，完成了活动主题、活动类型和活动时机的选择，接下来就要做好活动前的准备工作。活动前的准备工作主要包括选品、活动报名、活动预热、货物准备、人员准备、页面设计和应急预案等。

1. 选品

商品是活动的主角，选择参加活动的商品应该重点考虑热卖商品、折扣商品、价优商品、应季商品、清仓商品等。除此之外，还应考虑选品是否符合店铺的发展计划、选品对本次活动盈亏平衡点的影响等因素。

2. 活动报名

要详细了解每种活动的适用性，考虑不同活动对店铺资质的要求。确定参加某个活动后，就要找到不同的活动报名入口，详细了解报名的流程。

（1）了解活动适用性。每种活动都有自己的特点和适用性。聚划算流量大，适用于库存比较充足的宝贝；试用中心以免费为主，适用于重复消费的宝贝；天天特价适用于价格有足够竞争力的宝贝；淘抢购更适用于无线端活动等。商家在活动报名之前就要对各种活动适用性有所了解。

（2）考虑不同活动对店铺资质的要求。在活动报名前，要先了解活动对店铺的资质要求，因为只有通过商家资质审核，才能参加活动。

（3）了解报名流程。一般而言，活动的报名流程都差不多，基本包括：活动报名——活动审核——活动上线——活动结束。

在活动报名过程中，商家除了要关注活动本身对商家资质的要求，还需要关注活动报名的资料提交，尤其是以下几个方面：报名商品要有竞争力（销量、评价、价格），对提交的图片格式和商品价格等因素详细审核，同时还需要注意在报名提交成功后，按要求上线活动商品，不要随意更换其商品信息，任何一个环节出现误差都可能造成活动报名失败。

3. 活动预热

活动预热的重点是将活动的信息提前传递给目标客户，预热工作越充分，就会有越多的人知道并参与活动，从而使网店的促销活动达到预期目标。

预热工作需要多管齐下，提前将活动信息传递给目标客户。针对老顾客，商家可以利用阿里旺旺消息、短信等方式将活动信息传达给对方；顾客进店时，客服人员要主动推广，告知活动详情。为吸引更多新顾客的注意，商家可同期购买钻石展位等硬广告，配合促销活动。同时为配合对外宣传，店铺内可以悬挂活动预热图，对参加活动的主图进行重新设置，利用店铺内部装修营造活动氛围，提升客户的购买欲望。

4. 货物准备

在明确了促销活动商品和活动方式后，就需要为促销活动准备充足的货品。促销活动期间，商品销售速度会比平时快，充足的库存是促销活动正常开展的保障。如果活动期间发生缺货现象，则不仅会影响销售，也会影响买家对店铺的印象。在货物准备中，要做好以下几方面工作：

（1）联系供应商。促销活动期间，商品销售速度会比平时快，销量提升显著，为保证促销活动正常有序地开展，要提前联系好供应商，确保有充足的货品供应。此外，如果涉及关联营销活动及赠送礼品等，则还需要储备关联营销商品和赠品。商品包装袋、物流配送袋也要做好充足的准备。

（2）保证货物数量与质量。由于促销活动期间商品的销售速度是平时的几倍甚至几十倍，因此，在货物储备上一定要有余量，以备不时之需。但余量也不能过多，避免销售效果不理想造成的货物积压，给卖家带来资金压力。一般情况下，以活动期间商品投放总量的10%～20%来准备余量较为合适。

（3）货物的放置和包装。对促销活动的商品需要集中、分类放置，以便于查找。如果有搭配的赠品，也要进行合理放置。同时，为了应对活动客流高峰期的包装压力，可以提前对商品进行简易包装，缩短活动期间的包装时间，提高发货速度。

5. 人员准备

（1）人员安排。如果策划参加的是比较大型的活动，就要充分做好人员方面的准备。参加活动的人员涉及商品部、市场部、企划部、客服部和物流部等多个部门，活动前要对各部门分配任务，明确职责，以保证活动的顺利进行。一般情况下，促销活动中各部门的职责如下：①商品部负责提前备货，确保活动款商品库存充足，品质合格；②市场部进行活动主题策划，积极争取资源，安排店铺促销，跟进各部门工作完成进度，总结分析活动效果；③企划部负责店铺整体页面设计、宝贝单品页面设计、活动产品首图设计、各资源位入口设计；④客服部负责活动前利用阿里旺旺、短信通知老客户，活动中在线回复顾客咨询，接单，处理售后的退换货等问题；⑤物流部要根据订单进行配货、包装、联系快递发货。

（2）人员培训。在促销活动开展前，特别是一些大型活动，要对所有参与人员进行培训。其中，重点要对客服人员进行培训，以提升活动期间客户服务水平，给客户更好的购物体验。对客服人员的培训内容包括：①活动的具体流程和活动内容，要求客服人员能向客户清楚地解释活动的相关事宜；②设计快捷回复短语，避免因为询单人数过多，导致客服回复不及时；③活动期间的服务态度要求等。

6. 页面设计

在促销活动开展之前需要结合活动主题重新进行页面设计，好的页面设计能更好地提升活动效果。页面设计包括首页设计、活动入口设计、活动商品详情页设计等。

在首页设计中，要着力对本次活动的主题进行宣传推广，设计要主题鲜明，营造良好的活动氛围，以更好地引导客户。

活动商品详情页的设计，除了要符合活动的相关要求外，还应该做好以下几点：①突出展示商品的卖点，优化商品，做好视觉营销工作，吸引客户眼球；②进一步丰富商品的内容展示，突出品牌概念，提升品牌形象，做好一定的品牌推广；③做好关联销售，激发客户的购买欲望，提升销售额。

7. 应急预案

任何活动的开展都有可能出现意想不到的情况，对于可能出现的突发情况，在活动策划时需要提出应急预案。对网店促销活动影响较大的突发事件有大流量造成的爆发式售后服务、网络不稳定或网络拥塞、停电等意外情况。针对大流量造成的爆发式售后服务，可以通过增加客服数量、宝贝详情页优化、归纳相关问题制作自动回复等方式防范。对于网络不稳定或网络拥塞，可以通过检查设备和网络来做好防范。对于停电等突发事件，可以预先通过购买发电机等措施做好应急处理。

三、促销活动的执行与推进

促销活动开展过程中涉及多个部分协同合作，涉及的内容十分繁杂，为了保证活动的正常开展，建议建立促销活动进程表，见表4-2。将活动中涉及的事项按照活动进程详细列出，明确责任人，明确具体的执行时间。在活动开始后，可以参照此表对活动的开展进行监控。

表 4-2　促销活动进程表

淘宝活动策划推证表				毕业狂"享"季																				
营销策划	工作内容	内容阐述	责任人	22	23	24	25	26	27	28	29	30	1	2	3	4	5	6	7	8	9	10	11	12	13	14	15	16	17	18	19	20	21	22	23
营销规划	推广主题	确定本次营销主题	×××																																	
	确定产品、文案、创意、促销方式、推广资源	产品：定价策略和产品策略	×××																																	
		文案：文字打动消费者	×××																																	
		促销方式：消费驱动强	×××																																	
		主题活动策划案	×××																																	
		本次活动页面调整方案	×××																																	
		品牌故事策划案	×××																																	
		重点产品详情页文案	×××																																	
		活动后调整页面	×××																																	
		推广资源：包括软性、硬性的	×××																																	
	效果评估	对流量、转化率、全天销售高低峰、指导团队筹备	×××																																	
设计实现	设计创意	构思设计：吸引眼球并可实现	×××																																	
	活动相关素材设计	1. 根据资源设计好素材	×××																																	
		2. 设计活动专题页	×××																																	
		3. 本次主题活动	×××																																	
		4. 本次主题活动页面调整	×××																																	
		5. 抽奖活动	×××																																	
		6. 官方微博、掌柜说	×××																																	
		7. 品牌故事	×××																																	
		8. 重点产品详情页	×××																																	
		9. 活动后调整页面	×××																																	
老客户		短信提醒	×××																																	
		旺旺群发、签名修改	×××																																	
广告资源	确定资源	与淘宝小二确定推广资源	×××																																	
	付清广告款	财务付款跟进	×××																																	
	提交素材	素材提交给淘宝小二	×××																																	
	确认素材	若有修改确定最终素材	×××																																	
活动上线	运营	更换页面内容	×××																																	
活动下线	运营	去除页面活动内容	×××																																	
	抽奖活动	统计中奖客户发送红包	×××																																	
	替换页面	活动后主页面替换	×××																																	
	数据统计	活动这一周内数据统计分析	×××																																	

四、活动效果评估

在促销活动进行到一定阶段后，要对活动效果进行评估。如果评估的效果与预期目标有所偏离，则需要查找原因，查找出现问题的环节，并根据出现的问题制定新的促销策略进行修正与完善。

1. 活动效果评价指标

活动效果一般通过店铺经营的关键指标进行评价，这些经营指标可以直接从店铺后台中查询。

（1）活动业绩。评估活动效果的最常用指标为活动业绩。对于网店活动来说，业绩指标主要包括网店的活动流量业绩和活动期间的销售额。

1）活动流量。活动流量是对活动效果评价的最简单、最直观、最有效的评价指标。在活动期间，店铺的流量会极速提升，活动结束后，流量会有所回落。但活动前后的流量应该有较大幅度的提升。

2）销售额。好的促销活动能够带来大量订单，提升转化率，提高店铺销售额。店铺促销活动的最终目标就是要提升网店的销售额。一方面，在活动开展期间，销售额要得到明显提升；另一方面，活动结束后销售额相对于活动开展前应有所提升，这才是活动长期效果的体现。

活动业绩可以与同期对比，得出同比增长率。由于同期的活动力度和活动方式不同，因此同比增长一般会成倍数增长。活动业绩可以与前期对比，得出环比增长率。由于与前期对比销售的大环境基本一致，因此通过环比增长可以较好地了解活动效果。同时，活动业绩还可以与活动策划给出的业绩目标做对比，考量目标完成率；也可以将这次活动业绩与上次类似活动业绩做对比，找出此次活动的优劣势，提出改进措施。

（2）消费迎合度。消费迎合度是指消费者对活动的认可度，体现在活动期间客流量变化、客单价变化和广告吸引力等数据上。①客流量主要用来分析日常销售和活动期流量变化，能够反映活动的吸引力。②客单价主要用来分析折扣、单价是否和目标客户群消费能力相符，能够反映活动的迎合度。③广告吸引力主要用来分析优惠券、短信、邀请函等的回收率。

（3）成本费用。在评价活动效果时，不能忽略对成本费用的考评。其实，对成本费用的考评在活动策划阶段就应该关注，缺乏成本控制的活动很难形成最佳的活动效果。用活动效用指标和净活动效用指标这两个指标评价活动效果，能充分考虑活动成本和活动效用之间的关系。其中，活动效用＝预估业绩/活动费用，这表示投入一元钱能挣多少钱。净活动效用＝（预估业绩－同期业绩）/活动费用，这表示与同期相比，多花一元钱能多收回多少钱。

（4）活动影响力。通过活动连锁效应（是否拉动其他品类销售的增长）、活动效果持续性（活动后是否促进销售）、对竞争对手产生的影响（活动是否打击到竞争品牌）等指标评价活动效果的广度和深度。

2．活动分析与改进

根据活动效果的评价进行活动分析与总结，并提出改进意见。

（1）活动分析。网店活动分析主要是将活动的效果与活动目标进行对比，查看活动效果是否达到预设目标，可以通过制作活动效果分析表（见表4-3）对促销活动进行全方位的总结。

表4-3 活动效果分析表

方案名称	预计	实际	实际完成率	原因	非预见性问题	处理方案
流量						
销量						
新客户引入						
老客户唤醒						
品牌增长估计						

通过表 4-3 的填写，可以直观地反映活动的实际效果。对活动效果进行前后比较会得出以下三种情况：①活动成功。促销活动使消费者对网店形成了良好的印象，网店的浏览量、销售量、知名度和美誉度均有所提高，活动结束后网店的销量有所增长。②活动不理想。活动的开展对网店的经营、营业额的提升没有任何帮助，而且浪费了活动费用。③活动失败。促销活动结束后，网店的销售额不升反降。可能由于促销活动过程中管理混乱、设计不当、客服处理不当或出现了一些意外情况，损坏了网店自身的美誉度。

（2）活动总结。根据活动结果对活动进行总结并提出改进意见。如果活动达到或超过活动预期，则总结活动实施的成功经验，可以用于以后开展活动；如果活动效果不理想，需要对活动过程中出现的问题进行归纳总结，吸取教训，避免在以后的活动中出现类似的情况。

任务五　会员流量引入

一、会员关系管理

会员是指在店铺中有过购买经历的客户。会员流量引入是通过对客户分类管理，针对不同级别的客户采用不同的方式，唤醒会员、提升会员的光顾频率和购买频率。会员流量引入是在会员关系管理的基础上开展的。

利用网店装修、商品展示、广告活动、开展促销等吸引潜在客户访问，通过网店客服的咨询服务，将潜在客户最终转化成正式的购买客户，即会员客户。每个会员客户的形成，都要消耗大量的时间成本、人力成本与营销成本。一旦客户在初次购买的过程中获得了较好的购物体验，就有可能再次购买，最终成为网店的忠实客户。

相对于开发新客户花费的大量成本，将老客户维持住并充分挖掘老客户的需求，花费的成本要少很多。有资料显示，开发一个新客户的成本是维护一个老客户的五倍。如何让老客户为店铺带来持续的价值就是会员管理的重要内容。

会员关系管理是指对有过在本网店购买经历的老客户的管理。通过对这些客户的分析，推出不同的营销策略，提高客户忠诚度和满意度，实现客户价值的持续贡献，从而全面提升网店的盈利能力。

1. 会员关系管理的价值

对网店经营者来说，通过搜索获得流量周期长、见效慢，广告推广获取流量成本高、转化低，活动流量消耗大、黏性弱，而会员流量具有精准化、低成本和高效率的特点。会员客户不仅重复购买的开发成本更低，而且他们对网店的品牌和产品更加认同；很多会员单次购买量很大,购买的过程更为简单、快捷;购后的满意度也非常高,甚至能带来较好的口碑传播效果。

寻找新客户是网店发展的必要途径,但是能维持好老客户却是网店做大做强的关键,任何一个店铺都不能忽略老客户这个重要资源。

2. 新老客户购买过程的比较

在网络购物中,新客户大多通过搜索或广告进入网店。在首次购买商品的过程中,新客户的顾虑通常较多,需要反复对比商品价格,仔细查看商品的样式、介绍,店铺的信用评级,以及以往的销售记录和客户评价。此外,还可能要经历咨询、砍价等环节后,才有可能最终成交。

老客户一般通过收藏店铺或宝贝直接进入店铺。由于有过店铺购物经历,老客户更关注商品的选择和店铺中的活动。在选定商品后,大多直接将商品拍下付款。相对新客户,老客户更关注商品本身,且收货后纠纷较少,满意度更高。

通过以上对比不难发现,新客户的购买过程不仅环节较多,而且转化率较低,客户易受到各种因素的影响,购买过程复杂且不稳定。而相对于新客户,老客户购物过程较为简化,一般仅需考虑商品样式和价格,服务成本也更低。

3. 影响会员客户重复购买的因素

会员客户相对于新客户有着多重优势,但是单次的购买经历并不能为网店带来更多的利益,只有多次的重复购买才能更充分地体现会员客户的价值,才有可能转变成网店的忠诚客户。影响会员客户重复购买的因素主要有以下几个方面:

(1)产品。产品的品质和性价比是客户重复购买的重要因素。

(2)服务。购买过程每个环节的服务品质都能够给客户留下深刻的印象。通过对客户分级,对特殊的客户给予特殊的优惠政策,可以促使他们更多地消费。此外,还要及时为客户提供丰富有效的产品咨询、专业知识等内容,满足客户需求。

(3)品牌。店铺或产品的品牌在客户心中的认可度在很大程度上影响着客户的重复购买。品牌形象是区分自家店铺与其他店铺的最佳方式,树立了品牌形象,也就确立了店铺在客户心中的特殊位置。

(4)购物体验。愉快的购物体验是客户重复购买的重要保障。购物体验是一个综合因素,不仅包括优质产品、合理的价格等因素,还包括专业周到的客户服务,短信、邮件的回访服务,甚至店铺的页面设计、产品的展示方式等都会影响客户的购物体验。有效提升客户的购物体验需要网店在某一方面做出自己的特色。

4. 会员关系管理与会员流量引入

会员流量引入是指增加会员客户光顾网店的频率,促使会员客户重复购买,从而提升网店的经营效果。通过以上分析可知,会员流量引入必须通过会员关系管理来实现。在网店的经营中,会员流量引入的实质就是会员关系管理。

二、会员流量引入步骤

会员流量的引入需要做好客户数据收集、会员等级设置、会员分组、会员营销。

1．客户数据收集

会员的数据资料是会员关系管理的基础，通过网店的后台可以查看基本的客户资料，如会员名、手机、邮箱、地址等基本信息，而会员的爱好、年龄、性别、教育程度、兴趣等信息就需要客服在与会员的沟通过程中不断地进行收集和整理。

通过店铺后台的客户运营平台收集和整理客户数据。具体步骤如下：

（1）登录"卖家中心"→"营销中心"→"客户运营平台"，如图4-29所示。

图4-29　客户运营平台

（2）单击"客户运营平台"→"客户管理"→"客户列表"，可以查看所有客户信息，包括成交客户、未成交客户和询单客户，如图4-30所示。

图4-30　客户列表界面

（3）查询和编辑某个客户信息。单击客户信息后面的"详情"，可以查看该客户的具体信息。单击右上方的"编辑"按钮，可以对客户的信息进行编辑和补充。

2．会员等级设置

收集完会员资料后，需要将会员分成不同的类别，进行分类管理。在会员等级设置中涉及两部分内容：等级标准和设置标准。

淘宝网后台中提供了简单的会员等级标准，将会员分成四个等级，分别是普通会员、高级会员、VIP 会员和至尊 VIP 会员。在等级标准设置中除了设置不同等级的标准，同时也需要对每个不同等级的会员能享受的优惠折扣和特权进行设置。通过优惠政策的不同来体现会员的等级不同是会员较能接受的方式，也是最为直观地让会员感受到个性化服务的方式。具体设置方法如下：

（1）进入"卖家中心"→"客户运营平台"→"忠诚度管理"→"VIP 设置"，进行设置，如图 4-31 所示。

图 4-31　忠诚度设置界面

（2）卖家最多可以设置四个会员等级，可以以交易额或者交易次数为维度进行设置。分别编辑普通会员、高级会员、VIP 会员和至尊 VIP 会员，设置交易额、交易次数、折扣等信息，如图 4-32 所示。

通过会员等级设置，所有的会员会根据不同的标准自动成为各个等级的会员，当会员达到上一层会员的设置条件时，会员等级会自动升级并能享受属于该等级会员的优惠折扣或者特权。

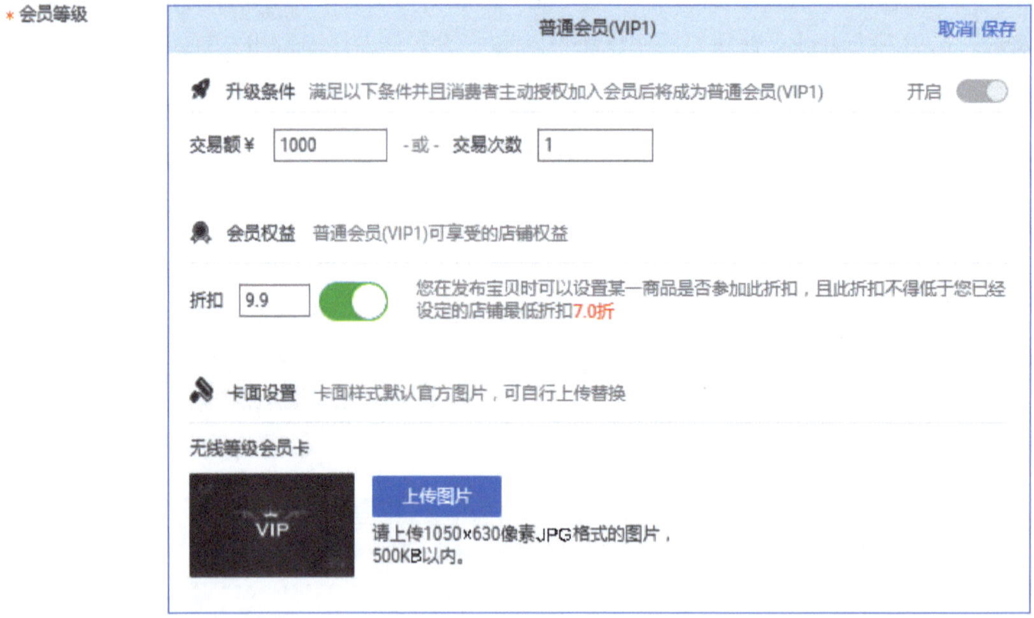

图 4-32　会员等级设置界面

3. 会员分组

除了标准的会员等级管理，为了方便运营，淘宝还提供了会员分组功能。可以根据店铺运营需求设置不同维度的会员分组。比如"最近一个月购买过商品的会员分组""消费金额大于 10 000 元的会员分组""购买过某款商品的会员"等。具体设置方法如下：

（1）进入"卖家中心"→"客户运营平台"→"客户列表"→"分组管理"，如图 4-33 所示。

图 4-33　分组管理界面

（2）单击"新增分组"，可以手动分组。

4. 会员营销

会员营销是指选用不同的方式与会员进行沟通，促使会员增加光顾频率或购买量。会员营销常用的工具有消息盒子、微淘、淘宝群、专属客服、短信、直播等。

借助淘宝官方客户运营平台提供的工具，店铺可以通过会员专享、积分兑换、会员加赠/满折、会员优先购、会员价格、裂变分享等多种方法完成会员营销，实现会员流量的引入。

（1）会员专享。会员专享是指通过发放会员权益直接促转化。目前，官方提供会员专享券、会员专享礼、会员专享礼包三种方法。三者之间的区别是：

1）会员专享券，消费者入会后可以领取一张优惠券。

2）会员专享礼，消费者入会后可以领取礼品。

3）会员专享礼包，支持最多三张优惠券加一个礼品，组合优惠。推荐使用会员专享礼包，既可以只设置券，也可以只设置礼品，又可以支持券和礼品都有的形式，比较灵活。

（2）积分兑换。积分兑换是指通过设置积分兑换规则，吸引会员参与积分兑换，提升会员活跃度，维系商家黏性。一般获取积分的途径有交易获取积分（如消费1元=1积分）、互动获取积分（如签到+5积分）。

获取积分的条件设置，注意既要激起会员玩转积分的动力，体现出积分价值，又不能出现积分泛滥的情况。建议可以采用常规兑换和活动兑换两种方式。常规兑换是设定一些不会频繁调整但有诉求的奖励，如小面额优惠券；活动兑换是指在一些特殊日期如会员日推出特定兑换活动，奖励价值通常较高，吸引会员抢兑。同时，可以针对不同等级的会员设置不同的积分兑换门槛，体现高等级会员的差异化特权。

常用的积分引流方法主要有积分兑换券/礼/红包/流量、积分兑换优酷会员/淘票票/淘金币/猫超卡、积分加钱购等。

（3）会员加赠/会员满折。这两种营销方法只有拥有一定会员规模且会员活跃的商家才可以申请。会员加赠是指面向店铺会员提供针对自选商品加送赠品的功能。会员满折是指面向店铺会员提供针对自选商品打折的功能。会员加赠/会员满折能够为会员提供差异化权益，并实现对非会员的高效招募。

（4）会员优先购。会员优先购是指面向全体店铺会员（或指定等级会员）提供专属商品提前购/限定购买的功能。适用商品有尖货/爆品、新品、具有自主知识产权的产品（IP产品）/明星款、限量款等。商家无须额外提供入会权益，利用消费者对品牌/商品的忠诚度即可实现高效会员招募；对会员用户提供差异化权益；营造"稀缺、限量"氛围，帮助商家实现对特定商品、限定款商品或新品的引流。

（5）会员价格。价格类权益可以通过价格优惠给会员最直接的体验感。目前，会员价格支持两种形式：会员折扣和会员专享价。二者的区别是，会员折扣是全店商品统一享受一定折扣，会员专享价是指定商品指定价格。

（6）裂变分享。裂变分享是近年来社交电商发展中常用的一种营销方式。商家设置裂变分享券，消费者看到大额父券，需要分享给3～5个好友才能领取，被分享者看到好友发的领券链接即可领取小额子券，同时也可以进入活动页面通过分享领取父券。通过裂变分享，实现熟人社交，其带来的转化率远高于一般的传播。

小 结

本项目主要包括流量的概念及网店流量来源构成、自然搜索流量引入、网店付费流量引入、网店活动流量引入和会员流量引入五部分。流量的概念及网店流量来源构成部分主要介绍了流量的概念及衡量指标，以及网店流量的主要构成及特点。自然搜索流量引入部分主要讲述了自然搜索流量的影响因素和提高自然搜索流量的策略。网店付费流量引入部分主要讲解了淘宝客推广、直通车推广和钻石展位推广。网店活动流量引入部分主要讲解了促销活动策划、促销活动准备、促销活动的执行与推进、活动效果评估。会员流量引入部分主要讲解了会员关系管理以及会员流量引入步骤。

实训项目：商品标题优化

一、实训目的
培养学生掌握商品标题优化方法，包括关键词挖掘和商品标题优化。

二、实训内容
1．进行关键词挖掘，建立关键词词库。
2．从标题长度、关键词分布、关键词组合技巧等多个角度分析，进行商品标题优化。

三、实训要求
通过商品标题优化获得更多的自然搜索流量和点击量。

同步测试

一、单项选择题

1．能够较为实际地反映用户在店铺查看的页面数量的统计指标是（   ）。
   A．浏览量（PV） B．访客数（UV）
   C．平均访问深度 D．回访客比例
2．淘宝直通车广告投放所采取的网络广告收费模式为（   ）。
   A．CPM B．CPC
   C．CPA D．CPP
3．下列各种活动类型中不属于淘宝店内活动的是（   ）。
   A．满就送 B．限时打折
   C．搭配套餐 D．天天特价
4．会员流量引入首先要做好（   ）工作。
   A．客户数据收集 B．会员等级设置
   C．会员分组 D．会员营销

二、多项选择题

1. 淘宝网上，影响商品搜索排序的主要因素有（　　　）。
   A．类目因素　　　B．文本因素　　　C．时间因素　　　D．卖家因素
2. 在淘宝客的推广中，包含（　　　）等角色，它们每一个都是不可缺失的环节。
   A．推广平台　　　B．卖家　　　　　C．淘宝客　　　　D．买家
3. 在策划参加大型活动时，要做好哪些部门人员的准备？（　　　）
   A．商品部　　　　B．市场部　　　　C．客服部　　　　D．物流部
   E．企划部

三、简答题

1. 比较四种主要流量来源的流量特征和常用引流工具与方法。
2. 简述撰写商品标题应遵循的主要原则。
3. 简述网店促销活动的主要步骤。

Project Five

项目五

网店客服

知识目标
- 了解网店客服必备的知识和能力
- 熟练掌握与顾客沟通的各项技巧

能力目标
- 具备网店客服的基本素质,如良好的心理素质及应变能力等
- 能妥善处理网店退换货和中差评问题

近年来，网购已经成为人们日常生活的重要组成部分，网店客服也成了特别火热的职业，网店客服是顾客网购体验的关键一环，对于树立网店形象、提高成交率和顾客满意度具有重要意义。

网店客服是指在网店运营过程中，通过互联网利用各类通信工具，为顾客提供产品相关服务的人员。比如淘宝网店客服借助阿里旺旺软件，提供客户答疑、促成订单、店铺推广、售后服务、跟进下单等服务。

任务一　掌握网店客服必备的知识和能力

网店客服是网店运营团队的重要组成部分，其服务质量的好坏直接影响店铺商品的成交率，合格的网店客服上岗前需要经过一系列的培训，具备必要的知识和能力。

一、网店客服必备的知识

作为一个合格的网店客服，上岗前需要具备多方面的知识，具体可以分为以下五类：

1. 商品知识

顾客咨询的大部分问题都围绕商品本身，网店客服对于商品知识的了解程度考验着客服的专业性，掌握商品知识不仅是网店客服岗位的基本要求，也是与顾客沟通谈判的基础。

商品知识可以分为商品基础知识、商品周边知识、同类商品知识三类。

（1）商品基础知识。它包括商品规格（如板型、尺寸和体积等）、商品质量（如性能、使用寿命和安全性等）、商品注意事项（如安装、保养、维护和使用禁忌等）。

（2）商品周边知识。它包括商品真伪鉴别知识（如辨别方法等）、商品附加信息（如××明星同款、××代言和关联销售优惠等）。

（3）同类商品知识。它包括同类商品质量比较（如面料、舒适度、安全性等方面）、同类产品货源比较（如进货渠道、生产渠道和是否正品等）。

2. 交易规则

首先，网店客服需要熟知并严格遵守店铺运营平台的各项规则，如招商入驻、经营管理、消费者保障、违规处理和营销规范等方方面面。图5-1和图5-2分别为淘宝平台规则和天猫规则。

其次，网店客服需要详细了解店铺活动和平台活动，如店铺的满减规则、营销套餐、会员福利和直播优惠等，以及参与平台活动的商品范围、活动时间和优惠券使用规则等。特别是"双11""双12""618"等重大节日期间，网店客服更要特别注意活动规则，抓住时机，提高店铺销量。

最后，网店客服需要掌握电子商务法律法规，如《电子商务法》《中华人民共和国广告法》等。

项目五　网店客服

图 5-1　淘宝平台规则

图 5-2　天猫规则

3. 物流知识

顾客网购到的可能是新闻、音乐和软件等数字化商品，也可能是在线旅游、在线医疗和远程教育等各类服务，但更多的是书籍、鲜花和食品等实物类商品，而对实物类商品而言，物流环节的重要性不言而喻。网店客服需要掌握：

(1) 网店签约的物流公司，如邮政、顺丰和"三通一达"（申通、圆通、中通、韵达）等。
(2) 物流价格，如是否包邮、计价规则和还价余地等。
(3) 物流运输方式，如空运、海运和陆运等。
(4) 物流信息查询，如物流公司联系方式、物流单号查询、邮政编码和配送网点查询等。
(5) 物流问题处理，如包裹退回、地址修改、代收货款和保价赔偿等。

4．话术知识

网店客服应在培训上岗前具备一定的话术知识，如针对不同的沟通场景、不同的商品、不同的活动等编写对应的话术，且同一店铺不同客服人员面对咨询下单类、纠纷处理类等问题时回答格式应统一，保持店铺客服响应的一致性。

比如，针对买家经常提出的"太贵了"或"可以便宜点吗"问题，淘宝客服可回答"亲，您的心情我们可以理解的哦，每个买家都希望用最少的钱淘到最好的产品，本店正品保证，品质无忧，价格都是公司统一定价哦，只能在质量上给您最大保证哟"或者"亲，您可能觉得我们价格有点贵，主要是因为我们品质好哦，不然也不会有那么多老客户重复购买了，大多数的顾客选择我们的品牌都是冲着商品的品质来的呢"。

5．交易安全知识

安全是在线交易是否顺利进行的关键，网点客服需要特别注意各种交易安全问题，如计算机安全软件的安装、钓鱼网站的辨别、客户订单隐私信息的存储和各类网络欺诈等。

二、网店客服必备的能力

网店客服除了需要具备以上五方面的知识，上岗前还需要具备以下四方面的能力：

1．过硬的语言能力

语言能力指的是语言组织能力和语言表达能力，如准确使用商品知识，商品描述简练，语言通俗易懂，符合平台规范，能清楚、准确、连贯、恰当地回答顾客的问题，能够自如地应对欢迎、咨询、砍价、支付、物流和售后等常见的问题，进而建立客户信任。在与顾客非面对面沟通过程中，语言能力是网店客服应该具备的最基本的能力，也是最重要的能力，不仅可以增强网店客服的信心，还可以提高顾客满意度。

比如，面对服装类产品，顾客经常会问"身高170cm、体重75kg，穿什么码"，网店客服应在第一时间简短地回复"根据我们的经验，身高170cm、体重75kg，比较适合175/100哦，亲，喜欢就赶快下单哦"。

2．良好的心理素质

网店客服工作时间长，咨询量大，遇到的问题千差万别，面对的顾客情绪可能失控，投诉可能言不符实，这些都需要网店客服具备良好的心理素质，不骄不躁，遇事处变不惊，洞察顾客心理，具备良好的抗挫折能力，善于调整自我情绪，以积极乐观的心态投入工作。

比如，在面临咨询顾客多、无法及时解答时，天猫官方客服经常先回复"非常抱歉，目前咨询人数较多，可能回复较慢，还请您谅解，您可以先描述您的问题哦"或者"亲，很抱歉，由于现在咨询人数过多，会有回复不及时的情况出现，麻烦您耐心等待下呢"。

3. 端正的服务态度

由于网购属于虚拟交易，在这种虚拟环境中，网店客服的服务态度会给顾客留下最直接的印象，对交易是否顺利进行起着关键作用。网店客服工作中需要避免使用"我不知道""不行""那我也不知道怎么办了"等服务禁语，对欢迎、咨询、砍价、支付、物流、售后等场景的常用对话使用规范的用词，保持端正的服务态度。

（1）热情。真诚地对待每一位顾客，态度要和善友好，语气不能生硬，避免"哦""嗯""啊"等单字回答，巧用表情等。

（2）礼貌。时时刻刻尊重顾客，如多使用"请""您""谢谢""麻烦""感谢"等礼貌用语。

（3）耐心。顾客问题很多是重复的、琐碎的，尤其是面对顾客质疑时，应耐心与顾客解释，消除他们的疑惑和担心，不要与顾客发生正面冲突。

（4）周到。网店客服应学会换位思考，设身处地从客户角度看问题，认真倾听客户疑问，主动提供有效的建议，引导顾客下单。

4. 快速应变能力

应变能力对网店客服而言非常重要，是考验一名网店客服综合素质是否过硬的综合条件。网店客服需要在面对顾客各种无理要求、各类疑难问题时，在最短的时间内保持冷静，准确判断轻重缓急程度，并据此提供恰当的解决方案，时间一长可能降低成交率甚至引起顾客投诉。

任务二　掌握网店客服沟通技巧

沟通是一门艺术。在激烈的市场竞争下，一个网店客服在同类人员中是否能够提高客户的留存率，很大程度上取决于是否掌握沟通这门艺术。接下来，本节将介绍网店客服沟通技巧的"八个要"。

一、响应时间要最短

网店客服的响应时间是客服是否在线、商品知识是否熟练以及客服软件应用水平是否过关的重要衡量因素。当顾客进店咨询时，网店客服应第一时间回复，并主动推荐商品信息。

正常情况下，首次响应时间应控制在 10s 以内，沟通中的平均响应时间应在 16s 以内。若响应时间过长，顾客的留存率会降低，店铺的品牌价值会受到影响。此外，店铺可通过对客服人员进行排班管理、设置系统常用问题自动回复和客服打字水平定期测验等方式尽量缩短客服响应时间。比如顾客给淘宝客服发送宝贝链接后，淘宝客服应在 10s 内回复"亲，欢迎来到小店，请问有什么需要么"。

二、客户营销要主动

沟通是双向的，营销也是双向的。目前，网店的获客成本越来越高，单纯的你问我答式被动营销取得的效果非常有限，因此，网店客服需要化被动营销为主动营销，结合客户之间的差异性，有针对性地向顾客推荐适合的商品。

网店客服在开展主动营销时，合适的商品推荐至关重要。当顾客提出需求时，网店客服应有针对性地予以推荐；当顾客预购产品处于缺货时，网店客服应及时推荐可替代的且适合的产品；当店铺或产品有促销活动时，网店客服应第一时间告知顾客并引导其在活动期间进行购买。比如网店客服可以向老客户发送新出商品预告，也可以对店内会员进行精准营销活动推送，或者当客户在进行商品咨询时，向客户发送店内正在进行的折扣促销活动，如"五五折店铺盛典，错过今年，再等一年！"等。

但是，主动营销要适度，语言不能生硬，频率不宜过高，尤其是营销已见成效的订单不要强行或多次重复催付，以免引起顾客反感导致错失订单。

三、客户画像要精准

数据就是财富。网店客服需要在客户关系管理（CRM）软件中记录每位顾客的姓名、电话、住址、网购时间、购买次数和消费金额等基础信息，在与客户沟通中完善年龄、性别、家庭状况、工作性质、收入水平、通信地址、个人喜好以及消费习惯等相关信息，尽可能详细地记录顾客的所有信息，对每一位顾客信息进行维护、管理、统计和分析，在此基础上形成顾客画像，结合客户之间的差异性，分析客户的具体需求，进而针对每一位顾客进行产品的精准营销。

四、关联销售要合理

只有对大量客户消费数据进行分析，关联销售才能做到有的放矢。关联销售需要做到了解用户共性的需求，对产品和价格进行组合，采取搭配方式开展客服营销，对关联销售产品进行页面展示和推送，最终提高店铺销售额。

关联销售主要分为三种：

（1）替代关联。两款产品可完全替代，如同一家店铺棉质的和雪纺的T恤衫。

（2）互补关联。两款产品相关性大，如同一家店铺的上衣和同款裤子。

（3）潜在关联。两款产品隶属不同类目，如同一家店铺的沙滩帽和墨镜。

五、客户心理要洞察

多名经济学家和心理学家对消费者购买心理进行长期研究，把消费者购买心理分为从众、仰慕、自豪、炫耀、实惠、占有、享受、保值、好恶、怀旧、求异、攀比和求知13类。网店客服需要洞察每位客户心理需求，采取有针对性的沟通方式，若客户购买商品主要是因为实惠，则客服可以在合理范围内酌情给予一定的优惠，促成订单顺利完成。

比如，在营销婴儿摇摇椅产品时，网店客服可针对宝宝黏人的习惯回复"把宝宝放在躺椅里面可以培养宝宝独立和不黏人的习惯，对于已经习惯黏人要抱抱的宝宝来说，这个会比床接受度更高哦"。

六、问题处理要专业

顾客咨询网店客服的问题主要有三类：

1. 商品问题

商品问题根据付款前后分为售前商品问题和售后商品问题。

（1）售前商品问题。售前商品问题主要与产品或活动相关，如产品的质量、属性、功能等以及活动的价格、物流、优惠券等。解决售前商品问题，首先要获取顾客的兴趣，告知顾客店铺实施此次促销活动的原因和优惠力度之大；其次分析店铺产品的优势所在，从品牌、销量、定位、包装、证书等方面坚定顾客购买的信心；再次强调网店完善的服务体系，尤其是区别于其他同类店铺的增值服务；最后证明商品价格的合理性，高质量产品必然是高价格。

（2）售后商品问题。售后商品问题主要与咨询或投诉相关，如咨询商品的使用和保修、平台的退换货和补差价，以及退换货纠纷、商品未收到等投诉。对于咨询类问题，网店客服应换位思考，从客户角度解释产品详情页中的描述，解决客户认知偏差，而对于投诉类问题，网店客服应积极主动，按照标准流程解决产品纠纷，提高客户满意度。

2. 支付问题

电商支付问题在国内平台和跨境平台处理方式是不同的。国内平台的支付问题主要是由平台、客户和支付手段等造成的，网店客服应有针对性地运用专业知识予以解决，而跨境平台的支付主要依赖平台方或者物流公司协同解决。

3. 物流问题

与支付问题类似，物流问题在国内平台和跨境平台处理方式也是不同的。跨境平台的物流问题主要依赖平台客服人员协助解决，而国内平台的物流问题主要有三类：发错货、包裹破损、商品质量等卖家因素，物流信息停滞、签收与实际不符、破损中途处理等物流公司因素，以及自然灾害等不可抗力因素。其中，由卖家因素和物流公司因素造成的物流问题，网店客服应对顾客道歉并承担责任；而由不可抗力因素导致的物流问题可免除或延迟履约，另一方无权要求赔偿。

七、订单催付要适时

订单催付是有技巧的，并不是所有的订单都适合客服去催付，不适时的订单催付甚至可能起到反效果。

订单催付要适时

比如，王女士在同一家店铺同时拍下了一件上衣和搭配的一件半身裙，但是只付了上衣的钱，这时应该判定另一件半身裙很大可能是暂时未支付，此时不适合订单催付。若5～8min后王女士仍未付款，这时网店客服可委婉询问王女士未付款的原因，是否需要提供帮助，接下来耐心等待王女士回复即可，不需要重复催付，以免引起王女士的反感。若王女士未付款的原因是优惠券无法领取或者操作出现障碍等，则网店客服应及时予以引导解决；若王女士主观犹豫是否购买，则网店客服应深入挖掘其犹豫原因，揣度顾客心理，进而利用专业知识坚定其购买意向，促成交易顺利完成。

八、无理要求要拒绝

虽说顾客至上，但并不意味着网店客服需要一味地迎合顾客，网店客服在日常工作中难免会遇到顾客提出的无理要求，尤其涉及违反平台规则时，客服应该坚决地说"不"。

如遇到恶意差评、超出期限要求无理由退款等情况时，客服应坚决拒绝顾客的无理要求，必要时请求平台介入。

任务三　退换货冲突处理

每家网店或多或少都会遇到一些售后问题，其中最典型的就是退换货冲突处理，售后客服处理得当可以有效地避免顾客投诉，甚至赢得客户信任提高成单率。那么，如何处理退换货冲突呢？

一、平台和商品退换货规范提醒

网店客服必须熟知和提醒顾客共同遵守商品退换货处理各项规范。

目前，大多数平台对于商品的退换货均有详细的规定。以天猫平台为例，针对大家熟知的七天无理由退换货，平台提供了完整的一套退换货服务规范。顾客使用支付宝担保交易在天猫购物，签收货物后七天内，如因"不喜欢/不想要了"等主观原因不愿意完成本次交易，可以提出"七天无理由退换货"的申请（部分商品及类目除外），但顾客退回的商品不得影响商家二次销售。此外，七天无理由退换货服务规范还针对其保障范围、申请时间、维权方式、运费说明等各个细节做出了明确说明，图 5-3 为天猫七天无理由退换货规定，图 5-4 为天猫七天无理由退换货申请流程。

天猫七天无理由退换货服务支持条件、处理流程及类目

第一条　买家在签收商品之日起七天内，对支持七天无理由退换货的商品（详见表1）且符合商品完好标准的，可向卖家发起7天无理由退货或换货申请。

七天期间自买家签收商品后的次日零时开始起算，满168小时为七天，买家签收商品时间以物流签收时间为准。

第二条　买家退回的商品应当完好。

商品完好指商品能够保持原有品质、功能，包括商品本身、包装、配件及附带的商标吊牌、使用说明书等齐全。买家基于查验需要而打开商品包装，或者为确认商品的品质、功能而进行合理、适当的试用不影响商品的完好。对超出查验和试用需要而使用商品，导致商品产生明显的价值贬损，视为商品不完好。（具体标准详见表2）

第三条　鼓励商家提供优于天猫公示的商品完好标准，但若提供的标准低于该天猫标准的，将视为无效。

第四条　买家进行七天无理由退换货商品的，若商品卖家包邮，买家仅承担退回邮费；若商品未有包邮或商品系卖家附条件包邮的，买家部分退货致使无法满足包邮条件的，由买家承担所有邮费。

图 5-3　天猫七天无理由退换货规定

图 5-4 天猫七天无理由退换货申请流程

就特殊商品而言，退换货处理更为复杂。在平台规范基础上，店铺应该将特殊商品的退换货处理规则放在店铺和商品详情页的醒目位置，以便顾客在下单前能够看到。比如天猫平台全友家居官方旗舰店中，商品双人床不支持七天无理由退换货，店铺在商品详情页中用深色大字标明了免责声明，如图 5-5 所示，关于退换货进行了如下规定：由于家具为大件商品，一经售出非质量问题申请退换货买家需支付产品金额 20%～30% 作为退换服务费，同时承担往返物流费用；货物签收后，根据平台规则，外包装完好，且不影响二次销售支持退换货。

免责声明

 关于订单
产品（包含尺寸、产品更换等）、地址、联系方式等信息如有误，请联系客服在付款48小时内修改，逾期不予处理，因此产生的其他费用需买家承担

 关于色差
产品图片均为实物照片，但由于拍摄技术、光线、显示器参数等因素影响，收到的实物颜色与照片会有差别，请以实物为准

 关于发货
配送安装费用确认无误并付款完成后才能进入发货、下单、备货流程。本店所有产品均有备货周期，发货周期一般在30天内，特殊情况不超过30天（因物流即将停运，12月22日-2月7日期间付款订单发货周期为60天以内）；配送周期为7～15天，最迟不超过30天，货到当地专卖店（或物流点）后，一般三天内会电话联系预约送货安装时间。购买前请确认好家具收货时间。因我公司采用自建物流体系发货，后台无法实时更新物流信息，请耐心等待！

 关于发票
交易成功后，请联系在线客服确认开票信息，我们将在七个工作日内为您开出（开票金额不含活动折扣、返现、退差价款等）

 关于退换货
由于家具为大件商品，一经售出非质量问题申请退换货买家需支付产品金额20%～30%作为退换服务费，同时承担往返物流费用；货物签收后，根据平台规则，外包装完好，且不影响二次销售支持退换货

关于仓储
您将享受100天免费仓储服务，但产品自发货之日算起100天后仍未提货，需按照产品总价5%/月收取仓储费，未满一个月的按一个月计算（30天计一个自然月），依次类推；若超过一年未提货，订单视为作废。请您在购买前，计算好收货时间

 关于补件
由于大件家具可能会出现运损等情况，如家具出现此类情况需更换零部件，补件周期为20～30天

 关于赠品
部分赠品为快递发货，请在家具确认收货后联系客服登记，我们将在15个工作日内发出

图 5-5 全友家居官方旗舰店双人床免责声明

二、制定退换货和冲突处理标准化流程

网店客服应制定一套针对退换货和冲突的标准化服务流程。

1. 询问原因

网店客服遇到退换货问题时，先通过与客户沟通主动询问其原因，并进行确认、记录和归纳总结。一般退换货原因有发错货、商品质量问题、七天无理由退换货、物流速度慢和商品破损等。

2. 给予补偿免于退换货

如果顾客退换货理由充足合理，满足退换货申请条件，这时网店客服应向顾客表达诚挚的歉意，并提出一定的补偿，如返还现金或赠送优惠券等，尽量说服顾客取消退换货。

3. 引导退货变换货

通常来说，有20%的退货是可以避免的。若顾客退换货申请符合条件且坚决坚持，对于换货要求应该尽快完成后续流程，对于退货要求进行换货引导，降低商品退款率，若顾客仍坚持退货，也一定要满足顾客要求。

4. 申请平台介入

若退换货申请不符合规定条件，导致处理结果不能满足顾客要求引发纠纷时，网店客服可申请平台介入，以免给店铺带来更大的麻烦。

三、改善网店商品

针对顾客提出的退换货原因，网店客服进行订单跟踪和分析归纳，调整商品价格、货源或材料等，改善商品质量，从买家的角度不断完善产品详情页内容，尽量简洁明了，并且要满足顾客的需求。

任务四　理性对待中差评

顾客的中差评会对网店造成严重的负面影响，如严重影响转化率、影响商品搜索排名、造成资源浪费、影响网店活动的顺利进行等。那么，网店客服应该如何理性对待中差评呢？本节将解决方法概括为"四步走"法。

一、查找原因

通常顾客给出中差评都会在评价中注明缘由，网店客服可据此对问题进行收集、汇总、归类。通常情况下，顾客给出中差评主要基于以下几种原因：

1. 产品问题

典型的产品问题有产品数量不足、产品损坏、产品非正品、产品颜色或款式发错、产

品质量存在瑕疵、顾客购买后产品价格下降、产品描述与实际不符、产品描述不清晰导致顾客期望值过高等。

2. 客服问题

客服问题包括客服回复不及时或者根本没有回复、客服夸大其词、客服态度差、客服尺寸建议不合理、售后客服没跟上等。

3. 物流问题

物流问题主要有发货周期长、物流速度慢、产品运费高、暴力运输导致产品损坏、物流单号查询不到、运输中顾客隐私泄露、产品被陌生人签收、快递小哥服务态度差、产品发错地址等。

4. 恶意评价

同类产品对手卖家恶意竞争、顾客报复心理、恶意差评师、恶意威胁等原因都会形成恶意中差评。

二、联系顾客

找出顾客给出中差评的原因后,网店客服应第一时间联系顾客,建议首先通过平台软件提供的阿里旺旺等方式,其次是短信,最后是电话,联系次数不宜过多,以1~2次为宜,这样既能体现店铺的重视,又不会让顾客觉得自己被骚扰。

三、引导修改

联系上顾客后,网店客服需要巧妙地引导顾客修改中差评,可简单地分为以下几个环节:

如何引导顾客
修改中差评

1. 确认

网店客服首先自报家门,说明来意,认真询问,仔细倾听,和顾客确认是否存在误会。

2. 道歉

网店客服态度要诚恳,善于用专业术语安抚顾客情绪,致歉时机和内容要恰当。

3. 解决

针对不同原因采取不同的解决方案。如因产品质量存在问题,应主动承担来回运费进行退换货,不要有任何拖延,积极寻求谅解,可在沟通时多使用鬼脸、微笑、握手、碰杯等表情,采取红包补偿、下次购物赠送小礼物等方式对顾客予以补偿。如因款式不满意而差评,客服需要以平和的心态与顾客沟通,让顾客感受到店铺的诚意,尽量说服顾客换货。如顾客出自报复心理恶意评价,网店客服需要尽力收集证据,然后向平台进行投诉。

4. 收尾

如果顾客同意修改中差评,网店客服需要第一时间发送修改中差评链接,持续跟进直至修改成功,并对顾客表示诚挚的感谢,期待再次合作。

四、优化预防

中差评是店铺调整经营模式最重要的依据，在搜集顾客的中差评意见之后，及时优化，并对其加以利用和预防，成为商品营销的一种手段，不但能提升店铺转化率，还能获得客户的赞誉。

店铺可将中差评里体现出来的关键问题在主图、短视频或商品详情页中重点展现，打消买家的顾虑，如冲饮、图书、餐饮用具等有时被顾客因为产品破损给出中差评，店铺可将破损包赔展示在产品主图中，同时网店客服可在顾客咨询同类问题时将产品的改进传递给顾客，将缺点转化为优点。此外，网店客服还可通过好评返现等方法预防中差评的出现。

任务五　网店客服管理

被誉为"科学管理之父"的弗雷德里克·温斯洛·泰勒曾这样描述管理："管理就是确切地知道你要别人干什么，并使他用最好的方法去干。"网店人工客服需要管理来提高工作效率，而网店智能客服则需要人工管理来进行优化更新。

一、网店人工客服管理

网店人工客服分为客服专员和客服主管两类。其中，客服专员是网店基层员工，负责网店的日常客服工作，优秀的网店客服可在工作三年左右被提拔为客服主管，客服主管主要负责客服专员的知识技能培训、激励机制设计和客服团队建设等工作，其招聘要求通常比客服专员严格很多。图 5-6 和图 5-7 分别是某网站发布的客服专员和客服主管的招聘信息。

| 职位信息

岗位职责
1. 负责淘宝/天猫店铺的售前/售中/售后客服等工作。
2. 通过旺旺等在线聊天工具为客户导购，解答顾客对产品的疑问，接待客户、推销产品，促成订单成交。
3. 及时、有效、妥善地处理客户的各种问题。
4. 协助主管处理的其他事务。
5. 负责网店日常维护，保证网店的正常运作，优化店铺及商品排名。
6. 宝贝的上架、下架，产品信息编写、描述。

任职资格
1. 18~35岁，高中或中专以上文化,有稳定家庭者优先。
2. 善于交流，有耐心，热情友好，能够给客户留下良好印象，有责任心。
3. 有淘宝经验者优先，熟悉淘宝天猫规则。
4. 打字速度要40字/分钟以上，能够处理图片优先。

职能类别：网店客服　网络/在线客服

图 5-6　客服专员岗位招聘信息

职位信息

岗位职责

1. 负责售后客服团队的整体管理,每天监督客服聊天记录,抽检聊天服务质量,做好客服的排班安排,根据店铺实时客流状况及客服接待能力,调整客服接待量及替补工作,确保客服部每天工作有序、顺畅、高效。
2. 参与制定并执行客服流程、服务标准、客服工作计划、日常员工激励和绩效考核管理。
3. 处理产品售后的疑难问题,善于发现服务操作流程中的缺陷问题并及时进行优化,有能力妥善处理中差评,针对客户常见及共性问题及每期推广活动,不断更新客服话术,并做出更新。
4. 具备优秀的问题分析与解决能力、较强的应变能力和善后处理能力,能独立处理售前、售后、投诉等业务。
5. 负责售后服务成本的控制,以及重大事故、危机事件的协调处理,包括应对策略制定,及时与相关部门沟通解决问题。
6. 有分析以及培训能力,定期培训提高新老员工的综合素质,定期进行员工服务培训以及客服问题处理预案的制定。
7. 负责通过优质服务维护客户关系,并持续提高客户满意度。
8. 配合运营团队执行促销方案,提升营销的服务满意度和好评率。
9. 具备较强的沟通协调能力和客户服务意识,优秀的沟通谈判和危机处理能力。
10. 工作责任心强,能承受较大的工作压力,具备团队合作精神。
11. 完成上级领导交办的其他工作。

任职要求

1. 全日制大专或以上学历。
2. 两年以上淘宝或天猫客服经验,一年以上客服管理经验。
3. 熟悉天猫和淘宝规则。
4. 具有较强的沟通能力和执行力。
5. 熟练使用EXCEL/WORD等办公软件,会基础表格制作及公式计算、文档编辑。

图 5-7 客服主管岗位招聘信息

二、网店智能客服管理

网店人工客服在实际工作中经常面临成本高、工作时间有限、重复回复枯燥和高峰期回复慢等问题。而网店智能客服却能完美解决这些痛点,具有成本低、24小时不间断服务、响应速度快、不受顾客量限制、回答标准化、顾客体验感好和精准营销成功率高等优点,且可根据顾客需求无缝转接给人工客服,受到众多网店和电商平台的大力推崇。因此,市场上也催生出智能客服训练师这一岗位,图5-8是某网站发布的智能客服训练师岗位招聘信息。

职位信息

岗位职责

1. 负责AI客服知识库的构建工作，通过算法聚类、标注分析等方式，从数据中提取行业特征场景，并结合行业知识，提供表达精准、逻辑清晰的数据标注规则，完成知识库的搭建以及完善和优化，保证客服机器人回复的命中率和准确率。
2. 负责AI客服机器人效果的持续优化工作，包括分析机器人数据看板、买家咨询热点等板块，分析解决率低的原因并给出合理优化方案，不断提升机器人的解决能力及销售转化能力。
3. 了解机器人产品运作的逻辑，根据自身使用和客户反馈，对"乙方"提出优化建议，并推动优化上线。
4. 负责行业知识库的搭建，深入理解和分析行业数据并收集产品知识与服务知识等资料，基于消费者角度对机器人话术进行优化，进而形成AI预判能力，通过挖掘标注等提升行业知识库规模和质量。

任职要求

1. 大专及以上学历，电子商务相关专业优先考虑。
2. 性格外向，具有较强的沟通能力和销售意识，熟练使用旺旺等聊天工具。
3. 出色的业务理解能力，学习能力强，逻辑思维能力强。
4. 敏捷的观察和判断能力，善于数据分析与总结，快速的问题解决能力。
5. 具备良好的沟通协调能力，能够快速地在多部门及客户之间进行沟通解决问题及相应方案讨论。
6. 具备自我驱动的心态，需要不断地提升自我能力及挑战高目标。

图 5-8 智能客服训练师岗位招聘信息

小 结

本项目主要讲述了网店客服必备的知识和能力、网店客服沟通技巧、退换货冲突处理、理性对待中差评和网店客服管理五方面的内容。网店客服必备的知识和能力部分主要讲述了网店客服必备的商品知识、交易规则、物流知识、话术知识和交易安全知识，以及网店客服必备的过硬的语言能力、良好的心理素质、端正的服务态度和快速应变能力。网店客服需要具备响应时间要最短、客户营销要主动、客户画像要精准、关联销售要合理、客户心理要洞察、问题处理要专业、订单催付要适时和无理要求要拒绝"八个要"沟通技巧。退换货冲突处理部分，网店客服需要提醒客户遵守平台和商品退换货规范，制定退换货和冲突处理标准化流程，以及改善网店商品。理性对待中差评需要查找原因、联系顾客、引导修改和优化顾防"四步走"。网店客服岗位分为客服专员、客服主管和智能客服训练师三个岗位。

实训项目：网店客服模拟实训

一、实训目的

培养学生成为一名合格的网店客服的能力，包括网店客服必备的知识和能力、网店客服沟通技巧、退换货冲突处理和理性对待中差评等，学会应对顾客提出的各类突发问题。

二、实训内容

某天猫旗舰店，主营业务为女装。现两人一组，一人扮演顾客，一人扮演网店客服，之后角色互换，两人分别就以下问题进行提问和解决：

1. 女装的物流配送问题。
2. 女装休闲套装的折扣问题。
3. 女装签收后发现有残缺破损，进而引发的退换货问题。
4. 暴力物流导致的顾客给予差评问题。

三、实训要求

网店客服要结合网店的产品特点和顾客的画像特点，妥善解决各类客服问题。

同步测试

一、单项选择题

1. （　　）不属于商品附加信息。
   A．××明星同款　　　　　　　　B．××代言
   C．关联销售优惠　　　　　　　　D．商品寿命
2. （　　）属于网店客服需要掌握的法律法规。
   A．《会计法》　　　　　　　　　B．《电子商务法》
   C．《科教文卫法》　　　　　　　D．《环境保护法》
3. 网店客服需要端正服务态度，避免（　　）等单字回答。
   A．请　　　B．哦　　　C．您　　　D．亲
4. 网店客服首次响应时间应控制在（　　）以内。
   A．10s　　　B．15s　　　C．20s　　　D．25s
5. 通常来说，有（　　）的退货是可以避免的。
   A．10%　　　B．15%　　　C．20%　　　D．25%

二、多项选择题

1. 下列属于网店客服必备的商品基础知识的是（　　）。
   A．商品规格　　　　　　　　　　B．商品质量
   C．商品注意事项　　　　　　　　D．同类商品质量比较
2. 网店客服需要熟知并严格遵守店铺运营平台的（　　）规则。
   A．招商入驻　　　　　　　　　　B．同类商品
   C．商品面料　　　　　　　　　　D．营销规范
3. 造成顾客退换货的一般原因有（　　）等。
   A．商品质量问题　　　　　　　　B．发错货
   C．物流速度慢　　　　　　　　　D．商品破损

4. 顾客给出中差评主要基于（　　　）原因。
   A．产品问题　　　　　　　　　B．客服问题
   C．物流问题　　　　　　　　　D．恶意评价
5. 理性对待中差评的解决步骤有（　　　）。
   A．查找原因　　　　　　　　　B．投诉平台
   C．引导修改　　　　　　　　　D．优化预防

三、简答题

1. 简述网店客服必备的知识和能力。
2. 简述网店客服沟通技巧的"八个要"。
3. 简述网店客服如何进行退换货冲突处理。
4. 简述网店客服如何理性对待中差评。

Project Six

项目六

网店物流与仓储

知识目标
- 掌握电商物流模式的分类、特点
- 掌握选择电商物流的主要影响因素
- 掌握如何设置物流服务商和运费模板
- 理解仓储在物流配送的作用、模式以及如何管理仓储

能力目标
- 能够依据网店自身特点选择合适的物流模式
- 能够熟练设置物流服务商和运费模板
- 能够依据网店自身特点选择合适的仓储模式
- 能够管理好网店的仓储

任务一　物流选择

一、电商物流的概念

电商物流是指根据电子商务的特点对整个物流配送体系实行统一的信息管理和调度，为电子商务企业提供服务，按照用户的订货要求，在物流基地进行理货工作，并将配好的货物交送收货人。电商物流运用信息化技术，尤其是互联网来完成物流整个过程的控制、管理和协调，从而实现从网络前端到最终顾客端的所有服务过程。

二、电商物流模式的分类

电商真正能够接触到客户的唯一实体渠道就是物流，因此物流是电商提高服务质量的重要工具。电商企业之间的比拼终究会从价格战转向服务比拼，所以物流必然会成为服务比拼的主角。

在世界范围内，我国的电商服务体系具有一定的领先优势，尤其在配送速度方面，我国的"小时达""当日达"等服务覆盖的范围越来越广。当然，我国在物流配送中的优势离不开我国劳动力成本低廉的因素。然而，在物流配送的技术水平和管理水平方面，我国相较于世界领先水平还有一定的差距。

目前，我国电商企业应用的物流模式主要有以下几种：自营物流模式、第三方物流模式、线上＋线下实体店模式、物流联盟模式，见表6-1。

表6-1　电商物流模式

物流模式	说明	代表企业
自营物流模式	物流配送系统由电商自己打造，订单从消费者发出到货物送达消费者手中没有第三方参与	京东、唯品会、当当
第三方物流模式	电商委托专业快递公司办理销售订单的物流问题	淘宝、天猫
线上＋线下实体店模式	线上与线下相结合，消费者可以在线上下单购买商品，然后到附近线下实体店提货	苏宁、国美
物流联盟模式	几家集团为共同的物流方针而实施的持久联合与协作	菜鸟物流

1．自营物流模式

电商的自营物流模式一般是指电商企业在开展电子商务业务的同时，开展物流业务，物流的管理任务由电商企业承担，企业拥有自主经营的物流体系，物流体系的活动由电商企业的内部职能部门进行管理。电商企业为了更好地达成企业的方针战略，自行投资购买运输工具、建设物流仓储，同时肩负物流、仓储、配送等功能。

例如唯品会截至2019年拥有七大仓储中心，仓储面积超过300万平方米，拥有多条公路运输干线及航空运输的专属仓位，建立了覆盖全国的县、乡镇的近3000个自营配送点，打造了遍布国内外的12个海外仓和4个保税仓。另外，唯品会建立了一支两万人的运输、仓储团队。唯品会是大力发展自营物流的典型电商之一。

2. 第三方物流模式

2002 年，美国供应链管理协会把第三方物流定义为：第三方物流是指企业的全部或部分物流运作任务外包给专业公司管理经营的物流服务方式。这些专业公司被称为第三方物流供应商。第三方物流使得原材料更加顺畅地流通到生产制造企业，同时使得产成品更加顺畅地流通到最终消费者。

电商通过将物流外包的形式，充分利用了企业的外部资源为电商服务，节省了电商企业的人力、物力、财力。比如淘宝网、天猫的第三方物流模式，全部订单利用第三方物流包括顺丰、申通、中通、圆通、韵达、EMS 提供配送服务，并且利用这些物流企业的运输交通和仓储网络。

3. 线上＋线下实体店模式

线上＋线下实体店模式主要运用于苏宁云商、国美商城这种有大量实体商城同时又有自己线上电商平台的企业。比如苏宁云商采用了与京东相似的垂直一体化模式，建立了包括配送中心及运输队伍在内的物流体系，同时苏宁凭借自身在全国范围内庞大的实体连锁店，将线上平台销售与线下实体连锁店结合，消费者可以利用 B2C 平台线上购买商品到附近连锁店取货，也可以由连锁店送货上门。苏宁已经将实体店纳入物流节点当中，实体门店可以充当门店仓库、配送点和服务站等功能，极大地补充了物流网络中庞大末端节点的需求。

4. 物流联盟模式

物流联盟模式是指几个不属于同一集团公司的企业为了实现共同的物流目标而采取的持久的联合与协作。物流联盟模式在西方比较普遍，比如英国著名家居零售商 Laura Ashley 为了迅速开拓全球市场，与联邦快递联盟完成了全球配送，使其业务在全球范围内很快地开展起来。此外，物流联盟模式还可以帮助企业有效地减小风险和缩减物流成本。

我国较著名的物流联盟是阿里巴巴的菜鸟物流（菜鸟网络科技有限公司），成立于 2013 年 5 月 28 日，是阿里巴巴集团、银泰集团、复星集团、富春集团、顺丰集团、"三通一达"，以及相关金融机构共同组建的，目的是启动"中国智能物流骨干网"（CSN）项目，它的目标是通过努力打造一个开放的社会化物流大平台，在全国任意一个地区都可以做到 24 小时送达。CSN 项目的开展为 B2B、B2C、C2C 公司提供了分享式服务载体，提高了现有物流公司的仓储吞吐量与执行效用，为电商发展提供了便利。

三、电商物流模式的特点

电商企业不同的物流模式，宏观来看可以分为自营物流模式以及第三方物流模式，各自的特点如下：

1. 自营物流模式的特点

（1）控制性强。电商企业可以完全控制商品供应和销售的全部环节，可以根据销售端的大数据对库存进行合理调整，降低库存成本以达到降低资金占用的目的。京东作为自营物流电商的代表，通过自营物流有效地降低了货物的搬运次数和库存周转天数。数据显示，京东物流的库存周转天数为 28 ～ 32 天，而同行业的平均库存周转天数为 60 ～ 70 天，我国商品的平均搬运次数为七次，而京东物流只需要搬运两次就可以将商品送到消费者手中。在大数据背景下，自营物流可以形成特有的供应链信息流，物流数据可以得到时时更新，使得上下游信息的共享更加便利，提高了物流效率。

（2）物流配送的时效性和安全稳定性较强。物流业务上的时间及空间的要求能够在自营物流模式上得到更好的满足，在电商促销的特殊时段，如"双11""618"等网购高峰期，自营物流可以有效地弥补运力不足的情况，保证促销时段物流水平的稳定性。比如京东提出的"211限时达""夜间配""极速达"及春节物流"不打烊"的服务确保了物流配送的及时性与高效性。此外，自营物流有效降低了在物流配送过程中换货的现象，保证了安全性。

（3）提升用户体验，提升消费者满意度，提升电商企业的品牌价值。自营物流可以有效地掌握"最后一公里"的配送，控制了交易空间，使得商品到达客户手中的时间最短，这在网络产品越来越透明的情况下，通过良好的物流体验留住了终端客户。比如京东的自营物流，通过物流的形式使终端消费者更好地熟悉了企业与产品，提升了企业的形象。此外，京东可以利用自有的仓库、配送设备及配送人员在终端面对面地向消费者推广业务，对现有客户进行二次营销维护，这样提高了客户黏性，增加了京东品牌的辨识度与忠诚度。自营物流可以有效解决退换货等逆向物流，而消费者的不满意往往在退换货时发生。由于自营物流中接触终端消费者的快递人员是电商内部人员，个人素质往往可控，快递人员的态度往往较好，易于给消费者留下积极印象，从而提升品牌形象。

（4）电商企业独享客户及销售数据，减少信息泄漏的可能。在"互联网＋"的大数据时代，谁掌握了终端消费者的消费信息，谁就会在市场上占据优势地位，而消费者的数据信息往往在物流中有所体现，如果采用第三方物流，则会增加信息外泄的风险。

（5）自营物流消耗了电商企业大量的资金及人力资源。自营物流体系涉及运输、仓储、包装等多个环节，在建设物流前期需要电商在物流的基础设施建设、物流配送队伍的组建方面投入大量资金。此外，自营物流需要更多的日常运营成本。

自营物流网络覆盖扩张的范围有限，由于建设物流前期投入的成本较高，因此自营物流只能在网上购物比较集中的一、二线城市开展，在三线城市及以下的地区难以有效开展，往往还需要借助第三方物流。

电商企业自营物流有可能降低企业的竞争优势，由于电商在物流方面需要投入过大的资金及人力成本，会相对减少对核心业务的投入，削弱自身的市场竞争力。建设物流前期资金消耗巨大，运营成本也较大，而且前期这些物流体系并不能对社会开放，导致规模化程度比较低。

2. 第三方物流模式的特点

（1）成本较低。第三方物流减少了电商企业在物流方面固定资产的投资。物流系统的建设对于电商企业来说属于陌生的领域，在陌生领域的投资给电商企业带来了巨大的不可控风险。电商企业通过与第三方物流公司的合作只需支付一定的物流费用，电商企业可以集中资金及人力发展自身主营业务，提高自身的核心竞争力。此外，由于第三方物流企业是专业的物流公司，有自身的物流仓储配送系统，配送成本之于自营物流初期较低，并且可以为电商企业提供科学可靠的物流配送方案。随着电商平台业务的发展，物流配送议价能力增强，又可以降低物流成本，增加自身竞争优势，实现正向循环。

（2）能够实现更好的网络覆盖。第三方物流企业本身有较完善的物流配送体系，物流覆盖面积比较广，除了网上购物比较集中的一、二线城市及我国其他经济发达的地区，还能覆盖许多三、四线城市和农村地区。同时，电商企业可以同时选择多个物流企业进行合作，这样进一步拓宽了物流的覆盖面积。

（3）降低了电商企业对物流配送的掌控性。在电商企业对物流配送要求很严格的前提下，一些第三方物流公司的信息系统功能不够强大，消费者在电商平台下完订单，往往时刻关注订单动态，希望货物的动态在自己的掌控之下，这也就是所谓的"可视物流"，但是货物在第三方物流揽收以后往往出现动态更新缓慢的特点，降低了物流配送的可追溯性。尤其是一些贵重物品、易碎物品、时鲜商品对第三方物流的要求更高，而中国市场上能兼顾时效性和安全性的第三方物流公司有限且配送费用较高，因此，第三方物流经常成为电商平台发展的瓶颈。

（4）配送的服务质量难以保证。中国市场上的许多私营第三方物流公司因为有限的管理水平以及一些素质不高的配送人员影响了电商的物流水平，有时甚至损害了电商的企业形象。这主要体现在揽收货物不及时、发错货物、途中货物出现破损丢失、配送人员服务态度差、投诉渠道不通畅、退换货流程缓慢等，出现以上现象后，消费者往往归咎于电商平台。

四、影响电商物流选择的因素

选择一个适合自身的物流模式对电商企业来说至关重要，在进行物流模式选择时，电商企业需要考虑以下因素：

1. 电商企业规模和实力

电子商务环境下，企业在进行物流模式选择时，首先需要对自身规模和实力有一个清晰的认识，然后专注于企业的核心竞争力，根据自身规模和实力进行有效选择。一般而言，对于一些规模较大、有充裕资金且货物配送量较大的电商企业来说，可以通过投资构建自己的配送系统，实现对物流配送的主动掌握权，为企业的客户更好地服务。因此，这类电子商务企业可以充分利用公司的自身优势，采取企业自营物流模式。

而对于那些受规模、资金、人员等限制的中小企业而言，如果投资建设物流配送系统，将会给企业带来较大的经营风险，也会因为物流业务量的限制而增加物流成本。因此，这些电子商务中小企业比较适合采取第三方物流，运用第三方物流的专业优势来为企业赢得竞争优势。

2. 物流成本

电商企业在进行物流模式选择时，需要考虑物流成本。这也是电商物流模式选择的硬性指标。一个完整的物流配送系统涉及规模、区位、仓库数目、运输政策、存货政策以及客户的服务水平等方面的决策，即物流方案的成本包括很多，可用以下数学公式进行表示：

$$D=T+S+L+FW+VW+P+C$$

式中，D 为物流系统总成本；T 为总运输成本；S 为库存维持费用（包括库存管理费用、返工费用和包装费用）；L 为批量成本（包括物料采购费用和加工费用）；FW 为总固定仓储费用；VW 为总变动仓储费用；P 为订单处理和信息费用；C 为客户服务费用（包括商品降价损失费用、缺货损失费用、丢失潜在客户的机会成本）。电商企业在对物流模式进行选择时，要对各种物流模式的总成本进行全面分析判断，选择成本最小的物流模式来为企业的物流服务。

3. 物流企业的服务竞争力

在电子商务时代，物流逐渐呈现生产柔性化、消费多样化和流通高效化的特点，只有提供优质的物流服务，才能提高物流服务的竞争力，为电商企业赢得更多的客户。因此，电商企业在进行电商物流模式选择时，不仅要考虑物流成本，更要对专业物流企业的物流服务竞争力进行考虑，即考虑企业的物流服务水平。

当前比较著名的物流优质服务标准为五个亮点"Right"服务，即把好的产品（the Right Product）在规定的时间内（at the Right Time）、规定的地点（in the Right Place），以适当的数量（in the Right Quantity）和适当的价格（at the Right Price）提供给客户。电商企业在进行物流模式选择时，要对这个物流优质服务标准进行认真考虑。如果自身企业能够提供满足客户服务水平的五个亮点"Right"的优质物流服务，就可以选择企业自营物流模式。反之，就应该采用第三方物流模式或者物流联盟模式来提供物流服务。

4. 电商企业货物所有形式

这是影响电商企业物流模式选择的重要因素。从宏观角度来看，我国电商的货物所有权形式主要分为两种：①主要盈利点为收取服务费或佣金的平台类电商。它仅提供交易平台和通道服务，自身并不参与商品的交易，这种平台型的电商主要有淘宝、天猫、阿里巴巴。②主要盈利点为赚取商品进销差价的自营销售类电商。它高度参与商品的买卖，并且负责商品的管理与运营，这种平台的电商主要有京东、当当等。

平台电商往往是商家入驻的形式，货物所有权在商家手中，由于商家数量众多又相对分散，难以产生规模效应，因此会更倾向于选择第三方物流模式。而自营销售的电商因为货权掌握在自己手中，迅速安全地把货物交付给消费者就成为非常关键的因素，集中性较强，有实现规模效应的可能，更多会选择自营物流模式。

任务二　物流设置

网店卖家通过电商平台向客户提供安全有效的网络交易，这离不开物流的支持。通过不同物流模式的优缺点分析，发现以淘宝和天猫为代表的平台式网站的卖家在经营网店时更多选择第三方物流模式。本任务依托淘宝网开店讲述物流配送内容。

一、服务商设置

在淘宝网开店选择物流公司时,淘宝网会向卖家提供"推荐物流、网货物流推荐指数"作为选择物流公司的参考数据。目前,淘宝网与申通、顺丰、EMS、宅急送、圆通、天天、韵达、中通、百世等物流公司都有合作。这些物流公司在服务质量、服务价格等方面参差不齐。所以,网店在选择物流公司时,要考虑自己的实际情况,综合考虑多种因素来确定。比如店铺销售产品的类型、物流公司的价格和服务质量、产品发货地的物流公司分布情况、客户主要分布地区等。

选好服务商后,需要在系统中填写服务商设置。通过卖家账号进入淘宝网卖家中心,在左边菜单栏中选择"物流管理"→"物流工具",在"物流工具"中可以看到"服务商设置"(服务商指的是快递公司),按照要求开通选定的服务商,如图6-1所示。

图6-1 服务商设置

二、运费模板设置

1. 什么是运费模板

在物流服务商设置完成后,就是在淘宝中设置物流的相关模板,即运费模板。运费模版就是为一批商品设置同一种运费。当商家需要修改运费时,这些关联商品的运费将一起被修改。

2. 如何设置运费模板

一般来说，建议按照商品的类别、体积和重量来划分运费模板。例如销售衣服和化妆品，就可以设置两个运费模板，分别是衣服的运费模板和化妆品的运费模板。设置运费模板的主要流程如下：

（1）新增运费模板。通过卖家账号进入淘宝网卖家中心，在左边菜单栏中选择"物流管理"→"物流工具"，在"物流工具"中可以看到"运费模板设置"。单击"运费模板设置"→"新增运费模板"后，出现如图 6-2 所示的提示框，填写相关信息。其中，"模板名称""宝贝地址""发货时间""是否包邮""计价方式""运送方式"都是必填项，不能为空。另外，模板名称不能超过 25 个字。

图 6-2 新增运费模板

（2）为指定地区城市设置运费。如果想为某些地区或者城市设置单独的运费，选择"为指定地区城市设置运费"，进入编辑城市的页面，如图 6-3 所示。单击"编辑"，选择区域，如图 6-4 所示，完善所选区域的相关费用信息。

图 6-3 设置指定城市运费

图 6-4 选择区域

3. 什么情况下可以使用运费模板

如果店铺大部分商品的体积和重量都很接近，建议使用运费模板功能。当商家需要修改运费时，这些关联商品的运费将一起被修改。如果发布商品时不想使用运费模板，可以在发布商品时不选择运费模板。

三、编辑地址库

地址库是用来保存自己的发货、退货地址，淘宝店铺最多可添加 50 条地址。

在淘宝网进入"卖家中心"→"物流管理"→"物流工具"→"地址库"，可以编辑发货、取货、退货的地址，如图 6-5 所示。

图 6-5 地址库编辑

任务三 仓 储 管 理

一、仓储管理的概念

仓储管理指的是对仓库及仓库内的物资进行的管理,是仓储机构为了充分利用所具有的仓储资源提供高效的仓储服务所进行的计划、组织、控制和协调过程。具体来说,仓储管理包括仓储资源的获得、仓储商务管理、仓储流程管理、仓储作业管理、保管管理、安全管理等多种管理工作及相关操作。仓储管理系统流程如图 6-6 所示。

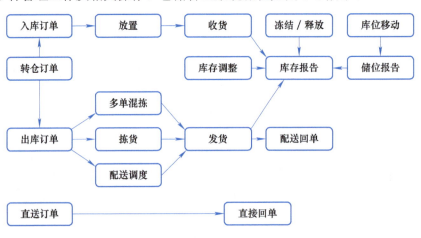

图 6-6 仓储管理系统流程

二、仓储管理的作用

1. 仓储管理在物流管理中的作用

仓储管理在物流管理中起着整合运输和配载、流通加工、平衡生产和保证供货、存货控制，以及对物流成本进行整体控制管理的作用。仓储管理是物流管理的核心，是供应链管理的核心环节，这是因为仓储总是出现在物流各环节的结合部。例如采购与生产之间、生产的初加工与精加工之间、生产与销售之间、批发与零售之间、不同运输方式转换之间等。仓储是物流各环节之间存在不均衡性的表现，也正是解决这种不均衡性的手段。仓储环节集中了上下游流程整合的所有矛盾，仓储管理就是实现物流流程的整合。

2. 仓储管理在整个国民经济中的作用

仓储管理对货物进入下一个环节前的质量起到保护作用，能够为货物进入市场做好准备。在货物进入市场前完成整理、包装、质检、分拣等程序，这样可以缩短后续环节的工作时间，加快商品流通，节约流通费用。仓储管理是保证整个社会再生产过程顺利进行的必要条件。

三、仓储管理模式

仓储管理模式按仓储活动的运作方式可以分为自建仓库仓储、租赁仓库仓储和第三方仓储。

1. 自建仓库仓储

自建仓库仓储就是企业自己修建仓库进行仓储。企业利用自有仓库进行仓储活动可以更大限度地控制仓储，管理也更具灵活性，有利于保障生产的正常运行，也是维持企业服务质量的坚强后盾，有助于树立良好的企业形象，提高企业的竞争力。

2. 租赁仓库仓储

租赁仓库仓储就是企业通常租赁提供营业性服务的公共仓储进行储存。使用租赁仓库仓储时，企业的经营活动可以更加灵活，便于企业掌握保管和搬运成本。

3. 第三方仓储

第三方仓储就是能够提供专业化的高效、经济和准确的物流服务的仓储方式。第三方仓储的管理具有专业性，管理理念具有创新性，物流效率具有高效、高标准的特征。

网上店铺根据自身企业定位，综合考虑成本、效率、企业形象和客户满意度等多种因素确定仓储形式。

四、仓储管理程序

仓储是企业物流配送的一个重要环节，如何充分利用仓储资源，提高服务质量，增强客户满意度，是电商企业面临的问题。下文从商品入库管理、仓内管理、商品包装和出库管理几方面来论述。

1. 商品入库管理

商品入库是商品进入仓库时所进行的卸货、清点、验收、办理入库手续等工作的总称,是仓库业务活动的第一个环节,是做好商品储存的基础。商品入库作业的具体内容和程序是:

(1) 做好入库前的准备工作。事先掌握入库商品品种、性能、数量和到库日期;安排商品接货、验收、搬运、堆码所需设备、场地和劳力。

(2) 进行商品接收工作。根据业务部门的入库凭证按大件核点品种、规格、数量、包装及标志等,检查单货是否相符,有无多送、少送和错送等情况。

(3) 办理商品交接手续。仓库收货人在送货单上签收。如有问题,应会同交付入库的有关人员做出记录、分清责任,并立即通知业务部门及时处理。

(4) 检验商品细数、质量。根据货主及仓库规定,开箱、拆包点验品种、规格、细数是否正确无误,检查质量是否符合标准。

(5) 办理商品入库凭证签收、分发登账手续。根据验收结果,由保管员在商品入库单上逐项按实签收,并注明实收数量和堆码仓位。其中,一联加盖仓储企业印章后退还货主,作为仓储企业收货凭证;一联交货区记账员登记"代管商品明细账";一联由保管员留存,登记"商品保管卡"。

2. 仓内管理

仓库是一个高度密集的地方,仓库管理员要定期检查货物,维护仓内清洁和安全,在各项运作中要做到细致、标准,在仓库进出货物中定期做统计汇总。

(1) 仓内安全。仓库最大的问题就是安全,仓库一旦发生火灾,就会使大量的物资被烧毁,造成重大的经济损失。所以,做好仓库防火具有重要意义。物流仓库管理员应当熟悉储存物品的性质、保管业务知识和防火安全制度,掌握消防器材的操作使用和维护保养方法,做好本岗位的防火工作。在夜间也要严格执行巡逻制度。值班人员应当认真检查、督促落实。

进入库区的所有机动车辆,必须做好防火工作。各种机动车辆装卸物品后,不准在库区、库房、货场内停放和修理。装卸作业结束后,应当对库房、库区进行检查,确认安全后,方可离人。

(2) 存储方式。货物的存储方式有三种:①季节性储存。它是由生产季节与消费时间不一致引起的,这种不一致包括全年生产季节性消费、季节性生产全年消费和季节性生产季节性消费三种情形。②周转性储存。它是指流通企业为维持正常经营而进行的储存,其储存量取决于企业的经营能力、资金实力和管理水平等。③储备性储存(又称国家储备)。它是指防备灾荒、战争或其他应急情况而进行的物资储备,一般是涉及国计民生的物资,如粮食、棉花、石油、药品、战备物资等。大多数网上店铺会用到前两种储存方式,网上店铺根据自身实力以及销售商品的特点选择合适的商品存储方式。

3. 商品包装

商品包装是物流当中的一个重要环节。将不同的商品分类打包,不仅显示了物流工作的合理性,在一定程度上还能增加物流的安全性。因包装材料和重量的不同,物流成本也会有所影响。通常在保障商品安全的情况下，企业会采用最合适的包装节省成本，打包常见的包装有纸箱、快递袋、木箱等，如图 6-7 所示。

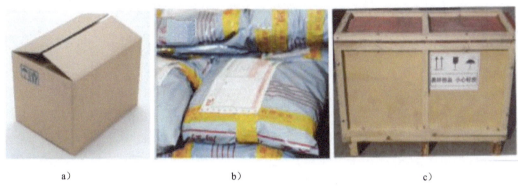

图 6-7　包装材料
a）纸箱　b）快递袋　c）木箱

通常情况下，纸箱是最常见的包装。根据商品本身选择大小不同的纸箱，堆放方便，节省空间，但纸箱最大的缺点是成本较高。快递袋是由快递公司提供的商品包装袋，适用于那些不怕挤压的商品，例如衣服、毛绒玩具等。木箱刚好相反，适用于体积大、容易损坏并且对防震要求较高的商品。

在包装易碎商品时，需要在商品周围加上填充物，防止在运输过程中产生严重震荡造成商品受损，填充物主要选择废旧报纸，也可以购买专门防震的填充物，如图 6-8 所示，填充物以体积大、重量轻为最佳。在商品装箱时，商品要和包装箱之间空出一定的距离，方便放置填充物。

图 6-8　防震填充物

4. 商品出库管理

商品出库是商品离开仓库时所进行的验证、配货、点交、复核、登账等工作的总称，是仓库业务活动的最终环节。商品出库应贯彻"先进先出"的原则。商品出库作业的具体内容和程序是：

（1）做好商品出库前的准备工作。如与有关部门联系，做好包装物料和搬运装卸机具的准备等。

（2）审核商品出库凭证。商品出库必须有合法的出库凭证为依据，审核内容主要包括印鉴手续是否齐全，所列仓库名称、商品品名、规格、数量是否相符等。

（3）登记代管商品明细账，核销存量。货区记账员根据出库凭证按照规定手续登记代管商品明细账，核销存量。同时，在出库凭证上批注出库商品的货位和发货后的结存量，以供保管员配货、核对。

（4）根据出库凭证核实备货。保管员根据出库凭证所列品种、规格、数量，经审核无误，先核销保管卡上的存量，然后从各个货位上捡出商品，加以集中。

（5）复核查验，防止发货差错。保管员按照"动碰复核"要求，一边发货，一边复核，既要复核单货是否相符，又要复核货位结存量，以保证出库量的准确性。在保管员自查后，尚需专职或兼职复核员进行复验。

（6）编配包装，集中待运。有些商品有时尚需进行编配拼装、换装、改装和加固包装等作业。包装后，即可按商品运送的不同运输方式、线路和收货点，分单集中待运。

（7）交接发货，放行出库。仓库发货时，发货人应向收货人或运输人员按单逐件点交清楚，以分清责任。

小　结

本项目主要介绍了网上店铺运营中的物流与仓储，首先介绍了电商物流模式的分类以及每种模式的特点，在此基础上指出影响电商物流选择的因素；其次依托淘宝网讲述了如何设置物流服务商和运费模板；最后介绍了仓储管理的作用、模式，从商品入库管理、仓内管理、商品包装和出库管理四个方面论述了仓储管理程序。

实训项目：设置物流服务商和运费模板

一、实训目的

培养学生电商运营中的物流服务能力，包括物流服务商选择、设置运费模板以及编辑地址库。

二、实训内容

1．选择服务商，完善"服务商设置"内容。

2．运费模板设置。

3．编辑地址库。

三、实训要求

结合店铺销售产品的类型、物流公司的价格和服务质量、产品发货地的物流公司分布情况、客户主要分布地区等因素，设置物流服务商和运费模板。

同步测试

一、单项选择题

1. 设置运费模板时，一般不会按照商品的（　　）来划分运费模板。
   A．类别　　　　　　B．体积　　　　　　C．重量　　　　　　D．价格
2. （　　）情况下，可以使用运费模板。
   A．大部分商品的重量都很接近　　　　　B．商品体积多样
   C．大部分商品的体积和重量都很接近　　D．大部分商品的体积接近

二、多项选择题

1. 目前，我国电商企业应用的物流模式主要有（　　）。
   A．自营物流模式　　　　　　　　　　　B．线上＋线下实体店模式
   C．第三方物流模式　　　　　　　　　　D．物流联盟模式
2. 电商物流模式中第三方物流模式的特点主要包括（　　）。
   A．成本较低
   B．能够实现更好的网络覆盖
   C．降低了电商企业对物流配送的掌控性
   D．更好地保障配送的服务质量
3. 进行物流模式选择时，电商企业需要考虑（　　）因素。
   A．电商企业规模和实力　　　　　　　　B．物流成本
   C．物流企业的服务竞争力　　　　　　　D．电商企业货物所有形式

三、简答题

1. 简述电商物流模式中自营物流模式的特点。
2. 简述仓储管理的作用。
3. 仓储管理模式按仓储活动的运作方式可以分为哪几类？

Project Seven

项目七

网店数据分析

知识目标
- 了解数据分析与网店的关系
- 掌握电商数据运营的指标
- 理解电商数据挖掘方法

能力目标
- 能够运用电商数据指标进行计算和分析
- 能够熟练使用网店数据分析工具对网店进行监控和诊断

随着电子商务的飞速发展，网络信息技术不断更新进步，电商零售平台越来越多，各平台上入驻的商家也越来越多，数据信息数量在全球范围内呈现几何级增长态势。传统的营销手段、运营方法已无法有效提升网店的运营效率。网店每天都产生海量的运营数据。大数据是互联网行业与生俱来的特点，数据化运营是网店得天独厚的"神器"。未来电子商务的核心竞争优势来源于对数据的解读能力，以及配合数据变化的快速反应能力。网店运营中数据是核心资源，深入挖掘分析数据更深层次的价值，构建一套有重点、有层次、符合实际的运营监测指标体系，全面管控各种经营风险，可提高网店的管理水平和运营效率，并为网店提供智力支持和决策支持。

任务一　了解网店与数据分析的关系

一、网店数据分析概述

随着网络技术和数据库技术的飞速发展，电子商务正显示着越来越强大的生命力，加速了社会经济的数字化进程，同时使得数据爆炸问题越来越严重，利用数据分析技术可以有效地帮助企业分析网上取得的大量数据，发现隐藏在其后的规律，提出有效信息，进而指导企业的营销策略，给企业的电子商务客户提供个性化的高效服务，由此使电子商务业务得到进一步发展。

目前，电子商务的发展势头迅猛，面向网店的数据分析将是一个非常有前景的领域，它能够预测客户的消费趋势和市场走向，指导企业建设个性化智能网店，提供个性化服务，带来巨大的商业利润。比如利用路径分析方法对 Web 服务器的日志文件中客户访问站点的访问次数分析，挖掘出频繁访问路径。因为客户从某一站点访问到某一感兴趣的页面后就会经常访问该页面，通过路径分析确定频繁访问路径，可以了解客户对哪些页面感兴趣，从而更好地改进设计，为客户服务。利用关联规则统计出电子商务客户访问某些页面及兴趣关联页面的比率，以此更好地组织站点，实施有效的市场策略。利用分类预测电子商务中客户的响应，比如哪些客户倾向于对直接邮件推销做出回应，哪些客户可能会更换手机服务提供商，由此使电子商务营销更有针对性。利用聚类找出具有相似浏览行为的客户，并分析客户的共同特征，更好地帮助电商企业了解自己的客户，向客户提供更合适的服务。利用时间序列模式预测客户的查找模式，从而对客户进行有针对性的服务。

目前，数据分析技术正以前所未有的速度发展，并且不断扩大用户群体，在未来越来越激烈的市场竞争中，拥有数据分析和挖掘技术必将比别人获得更快速的反应，赢得更多的商业机会。现在世界上的主要数据库厂商纷纷开始把数据分析功能集成到自己的产品中，加快数据挖掘技术的发展。我国在这一领域正处在研究开发阶段，加快研究数据挖掘技术，并把它应用于电子商务中，应用到更多行业中，势必会有更好的商业机会和更光明的前景。

总之，随着电子商务的发展势头越来越强劲，面向网店的数据分析将是一个非常有前景的领域,具有很多优势。它能自动预测客户的消费趋势和市场走向,指导企业建设个性化智能网店,带来巨大的商业利润,可以为企业创建新的商业增长点。但是在面向网店的数据分析中还有很多问题急需解决,比如怎样将服务器的客户数据转化成适合某种数据挖掘技术的数据格式,怎样解决分布性、异构性数据源的挖掘问题,如何控制整个 Web 上的知识发现过程等。利用这些挖掘技术可有效统计和分析用户个性特征,从而指导营销的组织和分配,让企业在市场竞争中处于有利位置,抢占先机。

二、数据分析与网店的关系

电子商务的发展使得越来越多的企业开始了以前从未有过的网上交易,网站产生的海量数据资源蕴含着大量有待充分分析的信息。由此可见,电子商务是数据分析的一个极佳对象。无论电商平台(如淘宝)还是在电商平台上销售产品的卖家,都需要掌握大数据分析的能力。越成熟的电商平台,越需要通过大数据来驱动电子商务运营的精细化,指引业务决策,更好地提升运营效果,提升业绩。

网店中包括很多可挖掘的内容,可以对这些内容进行提取,将平台数据、客户访问数据、产品数据、交易数据等经过数据的提取、清洗、加工、分析等步骤,使其成为企业分析市场、制定经营策略、管理客户关系的有力依据,从而实现电子商务活动的本质价值,获得商务的增值。

网店能够为数据分析工作提供海量的数据,而海量数据正是数据分析的一个必要条件,如果数据量少,则挖掘的信息是不够精准的。随着网络技术的不断发展,电子商务活动日渐频繁。客户对网店的每一次点击都会被企业网络服务器记录在日志中,由此产生了点击流数据。点击流将会产生大量可以被挖掘分析的数据。

比如,雅虎(Yahoo,见图 7-1)在 2019 年每天被访问的页面数超过 10 亿个,如此的访问量将会产生巨大的数据资源,该日志能够记载页面的访问情况,简单来说,雅虎每小时产生的页面访问数据量就达到 10GB。

图 7-1 雅虎页面

抛开雅虎不说，即便是很小的网店也会在极短的时间内产生大量有价值的数据。假如一个小型电子商务网店每小时卖出四件产品，顾客平均买一件产品需要访问九个页面，且所有顾客中真正买东西的人占2%，那么，一个月该网店能产生多少页面访问量呢？

来计算下：4件×24小时×30天×9个/2%=1 296 000个页面。

如果网店设计得好，可以获得各种商务信息或者用户访问信息：

1）页面访问信息。

2）商品的归类信息（如果展示多种商品，商品的归类信息将会非常有用）。

3）商品交易信息。

4）客户相关信息（如客户年龄、性别、兴趣等；可以通过客户登录/注册获取）。

电子商务网店不仅能够为数据分析提供海量数据，还能提供"干净的"数据。因为许多相关信息是从网站上直接提取的，无须从历史系统中集成，避免了很多错误。还可以通过良好的站点设计直接获得与数据分析有关的数据，而不是再来分析、计算、预处理要用的数据。电子商务网站的数据无须人工输入，从而避免了很多错误。此外，可以通过良好的站点设计来控制数据采样的颗粒度。

数据分析之所以可以服务电子商务，是因为它能挖掘出活动过程中的潜在信息以指导电子商务营销活动。在电子商务领域，数据分析的作用主要有以下四个方面：

1）分析客户活动规律，有针对性地在网店中提供"个性化"服务。

2）可以在浏览网店的访问者中挖掘出潜在客户。

3）优化网店的信息导航，方便客户浏览。

4）通过对网店访问者的活动信息的挖掘，可以更加深入地了解客户需求。

网店的数据分析能够使数据分析的成果非常容易应用。其他的数据挖掘研究虽然有很多的知识发现，但是这些知识大多不能轻松地在商业领域中得到应用并产生效果。因为要应用这些知识可能意味着需要进行复杂的系统更改、流程更改或改变人们日常的办事习惯，这在现实中是相对困难的。而在电子商务领域，很多知识发现都可以直接应用。比如改变站点设计（改变布局，适当进行个性化设计），开始针对特定目标或消费群体的促销，根据对广告效果的统计数据改变相应的广告策略，根据数据特点可以很容易地进行捆绑式销售等。

总之，尽管数据分析的形式和方向层出不穷，但随着电子商务的兴起和迅猛发展，电子商务将会成为数据分析最恰当的应用领域，因为电子商务可以很容易满足数据分析所必需的因素：丰富的数据源、自动收集的可靠数据，并且可将分析的结果转化成商业决策行为。

三、网店的大数据运营

拿到产品后，要对产品进行定位分析，分析产品的目标客户，找出产品的独特优势。要认真分析目标客户群体对该类产品的真正需求，从而提炼出该产品的卖点。

大数据（Big Data）又称巨量数据、海量数据，是由数量巨大、结构复杂、类型众多的数据构成的数据集合，是基于云计算的数据处理与应用模式，通过数据的集成共享，交叉复用形成的智力资源和知识服务能力。

还有机构如此定义"大数据":"大数据"是需要新处理模式才能具有更强的决策力、洞察发现力和流程优化能力的海量、高增长率和多样化的信息资产。从某种程度上说,大数据是数据分析的前沿技术。从各种类型的数据中快速获得有价值信息的能力,就是大数据技术。

大数据有以下四个方面的典型特征:

(1)数据体量巨大(Volume)。截至 2012 年,人类生产的所有印刷材料的数据量是 200PB(1PB=210TB)。当前,典型个人计算机硬盘的容量为 TB 量级,而一些大企业的数据量已经接近 EB 量级。

(2)数据类型繁多(Variety)。这种类型的多样性使数据分为结构化数据和非结构化数据。相对于以往便于存储的以文本为主的结构化数据,非结构化数据越来越多,包括产品评论、网络日志、音频、视频、图片、地理位置信息等,多类型数据对数据的处理能力提出了更高要求。

(3)价值密度低(Value)。价值密度的高低与数据总量的大小成反比。以视频为例,一部一小时的视频,在连续不间断的监控中,有用数据可能仅有一两秒。如何通过强大的机器算法更迅速地完成数据的价值"提纯",成为目前大数据背景下亟待解决的难题。

(4)处理速度快(Velocity)。这是大数据区分于传统数据挖掘的最显著特征。根据相关数据统计,2020 年全球数据使用总量已超过 60ZB。在如此海量的数据面前,高效率地处理数据是企业制胜的法宝。

最后这一点也是和传统的数据挖掘技术有着本质的不同。

在互联网背景下,电商大数据的环境特征主要是数据化运营。将大数据技术应用于网店的运营中,各个环节都能实现数据化,用收集到的大数据进行分析和决策,具有很强的科学性和合理性。虽然数据化是一种虚拟的运营方式,但是网店进行数据化运营,在精确而全面的大数据面前,企业中每个环节的运营都变得更加高效。电商企业的原材料采购、营销、财务核算等各环节都能够实现数据化,因为大数据收集到的数据不仅数量庞大,而且种类比较丰富,所以通过各种不同的分析整理,能够为网店提供个性化的运营决策。消费者是网店运营的主要对象,而对消费者的消费兴趣和选择进行分析,有利于网店制定更加准确的营销策略。通过大数据技术的应用,能够准确定位消费者的喜好,企业能够有针对性地制定营销策略,可有效满足消费者的需求,并且降低生产成本。

大数据技术在网店中的应用还表现在行业资源的垂直整合方面。通过大数据对各方面信息的整合,将电商企业与上下游的合作方更加紧密地联系起来,实现资源共享。在这种资源整合过程中,各个企业之间的界限变得更加模糊,而对于处于产业链末端的企业而言则产生了双重冲击。一方面,因为企业与用户的距离更近,所以能够更加清楚地了解用户的需求,获取的市场信息比较真实且快速,企业能够充分利用这些信息及时调整经营策略,企业的生存空间就越大。另一方面,因为终端消费者的需求呈现多样化的特点,每个用户都有自己的需求,所以产业链中接近用户端的企业就需要经常变换经营策略和产品设计,经营策略的经常性改变会对企业的稳定发展产生一定的影响。而对于处于产业链上游的企业而言，只需要完善产品结构即可。所以，大数据技术在行业资源垂直整合方面的应用具有双面性，电商企业只有灵活应对，才能在市场中稳定发展。

在互联网背景下，网店在大数据环境中的发展趋势如下：

（1）为消费者提供个性化导购服务。个性化导购服务是网店能够提高竞争力的重要策略，在传统的企业营销中，因为对用户的信息收集比较困难，无法及时而详细地掌握用户的信息，所以无法提供具有个性化的服务。而在互联网背景下，大数据技术在网店中的应用能够很好地实现这一目标。信息传递是实现个性化导购服务的关键，利用大数据技术，网店能够及时而快速地收集到用户在网站的浏览记录以及消费记录，通过对这些数据进行分析，就能够了解到用户的消费习惯，进而有利于网店制定有针对性的销售策略，能够为用户提供更加周到而贴心的服务，从而提高网店的销量，这也是网店在竞争激烈的市场环境下能够获取胜利的关键。

（2）网店进行垂直细分领域服务。在互联网的大潮下，我国电商发展的势头比较猛烈，几大电商巨头占据了电商市场的大半份额，所以对于小规模的网店而言，无论在资本方面还是在物流与营销方面都无法与之匹敌。在这种情形下，小规模的网店应该充分利用大数据技术，进行垂直细分的服务模式。将企业现有的资源进行整合，通过对市场信息以及客户信息的详细分析，专门为某一领域的客户提供专业化的服务，这样能够更好地为客户提供优质服务，充分满足客户的需求，从而在电商市场中获得一席之地。所以，网店应该充分利用大数据技术，结合自身的优势技术，进行垂直细分的专业化服务。

（3）大数据资产化。在大数据环境下，网店之间的竞争变得更加激烈，数据规模和灵活性将成为企业之间竞争的砝码。大数据发挥了重要作用，赋予了这些数据经济价值。在电商企业的产业链中，上游商家会为下游商家提供数据分析的服务，这些对于用户的数据分析是非结构化的，通过数据分析能够使这些服务变得可视化，则这些数据所具有的经济价值就越高。在目前的市场中，除了一些专业经营数据服务的公司，一些体量较大的公司也开始开拓大数据服务，以便企业能够更好地应用这些大数据。由此可见，大数据资产化已经成为未来发展的主要趋势。

（4）网店开展更完善的广告业务。网店的获利渠道不仅仅局限于产品的销售，还包含其他多种收入渠道，广告业务就是其中一项。网店通过对用户数据的分析，能够详细而全面地了解用户的需求信息，进而在用户浏览以及消费较高的地方投入大量广告，可以获取较高的经济效益。在投放广告后，网店基于数据库的概率模型，能够分析出消费者对于广告信息的态度，并且通过交易状况能够分析出消费者对广告信息的反应程度，进而可以明确广告投入的时间段。网店还可以通过消费者搜索的关键词来对广告的内容进行优化，进而获得更好的推广效果。

总之，在互联网背景下，我国电商发展得比较迅猛，而大数据技术的应用又为电商增加了更强的优势。但是面对大数据，网店面临机遇与挑战并存的状况，所以电商企业需要合理利用大数据技术，结合企业自身优势，经过对市场的准确分析，充分发挥大数据的应用价值，为网店的发展创造有利条件。

任务二 熟悉电商数据运营的指标体系

众所周知,电子商务最核心的能力之一就是大数据分析能力。在网店的大数据分析中,除了利用数据挖掘算法进行建模,挖掘隐含在数据背后的知识和规律,还有一些有效、常见、概括性强的数据分析指标,这些指标不用进行算法上的建模,便可以直观地对电商平台的流量、产品、销售及客户等相关信息进行总结和归纳。所以,构建系统的电商数据分析指标体系是电商的精细化数据运营的重要前提。本节主要对这些指标体系进行分析和介绍。

电商数据分析指标体系分为八大类指标,包括网店总体运营指标、网店流量指标、网店销售(转化率)指标、客户价值指标、产品指标、市场营销活动指标、风险控制指标和市场竞争指标。不同类别的指标对应电商运营的不同环节,如网站流量指标对应的是网站运营环节,销售转化、客户价值和营销活动指标对应的是电商销售环节。

一、网店总体运营指标分析

网店通过总体运营指标评估电商运营的整体效果。网店总体运营指标包括流量类指标、订单产生效率指标、总体销售业绩指标、整体指标四个方面,见表 7-1。

表 7-1 网店总体运营指标

流量类指标	独立访客数(UV)
	页面访问数(PV)
	人均页面访问数
订单产生效率指标	总订单数
	访问到下单的转化率
总体销售业绩指标	成交金额(GMV)
	销售金额
	客单价
整体指标	销售毛利
	毛利率

(1)流量类指标。

1)独立访客数(UV)是指访问网店的不重复用户数。对于 PC 端网站,统计系统会在每个访问网站的用户浏览器上"种"一个 Cookie 来标记这个用户,这样每当被标记 Cookie 的用户访问网站时,统计系统都会识别到此用户。在一定统计周期内(如一天)统计系统会利用消重技术,对同一 Cookie 在一天内多次访问网站的用户仅记录为一个用户。而在移动终端区分独立用户的方式则是按独立设备计算独立用户。

2)页面访问数(PV),即页面浏览量,用户每一次对网店中的每个网页访问均被记录一次,用户对同一页面的多次访问,访问量累计。

3)人均页面访问数,即可获得每个人平均访问的页面数量。

(2)订单产生效率指标。

1)总订单数,即访客完成网上下单的订单数之和。

2)访问到下单的转化率,即网店下单的次数与访问该网站的次数之比。

(3)总体销售业绩指标。

1)成交金额(Gross Merchandise Volume,GMV),即电商成交金额,即只要用户下单,生成订单号,便可以计算在GMV中。

2)销售金额,即货品出售的金额总额。这里需要注意的是,无论这个订单最终是否成交,有些订单下单未付款或取消,都算在GMV中,销售金额一般是指实际成交金额,所以,GMV一般比销售金额大。

3)客单价,即订单金额与订单数量的比值。

(4)整体指标。

1)销售毛利是销售收入与成本的差值。销售毛利中只扣除了商品原始成本,不扣除没有计入成本的期间费用(管理费用、财务费用、营业费用)。

2)毛利率是衡量网店盈利能力的指标,是销售毛利与销售收入的比值。比如2019年某网店的毛利率连续四个季度稳步上升,从第一季度的12.2%上升至第四季度的16.8%,这体现了该平台盈利能力的提升。

二、网店流量指标分析

网店流量指标能够从流量成本指标、流量质量指标及会员指标三个方面衡量网店的整体流量情况,见表7-2。

表7-2 网店流量指标

流量成本指标	单位访客获取成本
流量质量指标	跳出率
	页面访问时长
	人均页面浏览量
会员指标	注册会员数
	活跃会员数
	活跃会员率
	会员复购率
	会员平均购买次数
	会员回购率
	会员留存率

(1)流量成本指标。单位访客获取成本是指在流量推广中,广告活动产生的投放费用与广告活动带来的独立访客数的比值。单位访客获取成本最好与平均每个访客带来的收入以及这些访客带来的转化率进行关联分析。若单位访客获取成本上升,但访客转化率和单位访客收入不变或下降,则很可能流量推广出现问题,尤其要关注渠道推广的作弊问题。

(2)流量质量指标。

1)跳出率(Bounce Rate)又称蹦失率,是指某一时间段内某网站浏览单页(一般为入口页面，如网站首页）即退出的次数与该网站被浏览的总次数的百分比。跳出率只能衡量该页作为着陆页（Landing Page）的访问。如果花钱做推广，着陆页的跳出率高，很可能是因为推广渠道选择出现失误，推广渠道目标人群和被推广网店的目标人群不够匹配，导致大部分访客访问一次就离开了。

2）页面访问时长是指单个页面被访问的时间。并不是页面访问时间越长越好，要视情况而定。对于网店来说，页面访问时间要结合转化率来看，如果页面访问时间长，但转化率低，则页面体验出现问题的可能性较大。

3）人均页面浏览量是指一定统计周期内平均每个访客所浏览的页面量。人均页面浏览量反映的是网店的黏性。

（3）会员指标。

1）注册会员数是指一定统计周期内的注册会员数量。

2）活跃会员数是指一定统计周期内有消费或登录行为的会员总数。

3）活跃会员率，即活跃会员占注册会员总数的比重。

4）会员复购率是指一定统计周期内产生二次及二次以上购买的会员占购买会员的总数。

5）会员平均购买次数是指一定统计周期内每个会员平均购买的次数，即订单总数/购买用户总数。会员复购率高的电商网站，会员平均购买次数也高。

6）会员回购率是指上一期期末活跃会员在下一期时间内有购买行为的会员比率。

7）会员留存率。会员在某段时间内开始访问网店，经过一段时间后，仍然会继续访问该网店，就被认作留存，这部分会员占当时新增会员的比率就是新会员留存率。这种留存的计算方法是按照活跃来计算的，另外一种计算留存的方法是按消费来计算的，即某段的新增消费用户在往后一段时间周期内（时间周期可以是日、周、月、季度和半年度）还继续消费的会员比率。留存率一般看新会员留存率，当然也可以看活跃会员留存率。留存率反映的是电商留住会员的能力。

三、网店销售（转化率）指标分析

网店销售（转化率）指标能够从购物车指标、下单指标、支付指标及交易指标四个方面衡量网店的销售及转化率状况，见表7-3。

表7-3 网店销售（转化率）指标

购物车指标	基础指标	加入购物车次数
		加入购物车买家数
		加入购物车商品数
	转化指标	购物车支付转化率
下单指标	基础指标	下单笔数
		下单金额
		下单买家数
	转化指标	浏览下单转化率

(续)

支付指标	基础指标	支付金额
		支付买家数
		支付商品数
	转化指标	浏览-支付买家转化率
		下单-支付金额转化率
		下单-支付买家转化率
		下单-支付时长
交易指标	成功指标	交易成功订单数
		交易成功金额
		交易成功买家数
		交易成功商品数
	失败指标	交易失败订单数
		交易失败金额
		交易失败买家数
		交易失败商品数
	退款指标	退款总订单量
		退款金额
		退款率

(1) 购物车指标。

1) 基础指标包括一定统计周期内加入购物车次数、加入购物车买家数以及加入购物车商品数。

2) 转化指标主要是购物车支付转化率,即一定统计周期内加入购物车商品支付买家数与加入购物车买家数的比值。

(2) 下单指标。

1) 基础指标包括一定统计周期内下单笔数、下单金额以及下单买家数。

2) 转化指标主要是浏览下单转化率,即下单买家数与网站的独立访客数(UV)的比值。

(3) 支付指标。

1) 基础指标包括一定统计周期内支付金额、支付买家数和支付商品数。

2) 转化指标包括浏览-支付买家转化率(支付买家数/独立访客数)、下单-支付金额转化率(支付金额/下单金额)、下单-支付买家转化率(支付买家数/下单买家数)和下单-支付时长(下单时间与支付时间的差值)。

(4) 交易指标。

1) 成功指标包括一定统计周期内交易成功订单数、交易成功金额、交易成功买家数以及交易成功商品数。

2) 失败指标包括一定统计周期内交易失败订单数、交易失败金额、交易失败买家数以及交易失败商品数。

3) 退款指标包括一定统计周期内退款总订单量、退款金额以及退款率(退款金额/退款总订单量)。

四、客户价值指标分析

客户价值指标能够从客户指标、新客户指标及老客户指标三个方面衡量网店客户的价值,见表7-4。

表7-4 客户价值指标

客户指标	累计购买客户数
	客单价
新客户指标	新客户数量
	新客户获取成本
	新客户客单价
老客户指标	消费频率
	最近一次购买时间
	消费金额
	重复购买率

(1)客户指标。常见客户指标包括一定统计周期内的累计购买客户数和客单价。客单价是指每一个客户平均购买商品的金额,即平均交易金额,即成交金额与成交用户数的比值。

(2)新客户指标。常见新客户指标包括一定统计周期内的新客户数量、新客户获取成本和新客户客单价。其中,新客户客单价是指第一次在店铺中产生消费行为的客户所产生交易额与新客户数量的比值。影响新客户客单价的因素除了与推广渠道的质量有关,还与电商店铺活动以及关联销售有关。

(3)老客户指标。常见老客户指标包括消费频率、最近一次购买时间、消费金额和重复购买率。消费频率是指客户在一定统计周期内所购买的次数。最近一次购买时间是指客户最近一次购买的时间离现在有多远。客户消费金额是指客户在最近一段时间内购买的金额。消费频率越高,最近一次购买时间离现在越近,消费金额越高的客户越有价值。重复购买率是指消费者对该品牌产品或者服务的重复购买次数。重复购买率越高,则反映出消费者对品牌的忠诚度就越高,反之则越低。重复购买率可以按两种方式来统计:①从客户数角度,重复购买率是指在一定统计周期内下单次数在两次及两次以上的人数与总下单人数之比,比如在一个月内,有100个客户成交,其中有20个是购买两次及两次以上,则重复购买率为20%;②按交易计算,即重复购买交易次数与总交易次数的比值,比如某月内一共产生了100笔交易,其中有20个人进行了二次购买,这20个人中的10个人又进行了三次购买,则重复购买次数为30次,重复购买率为30%。

五、产品指标分析

产品指标能够从产品总数指标、产品优势性指标、品牌存量指标、上架指标及首发指标五个方面衡量网店所销售的产品,见表7-5。

表 7-5　产品指标

产品总数指标	SKU 数
	SPU 数
	在线 SPU 数
产品优势性指标	独家产品收入比重
品牌存量指标	品牌数
	在线品牌数
上架指标	上架产品 SKU 数
	上架产品 SPU 数
	上架产品在线 SPU 数
	上架产品数
	上架在线产品数
首发指标	首次上架产品数
	首次上架在线产品数

（1）产品总数指标。

1）SKU（Stock Keeping Unit）是物理上不可分割的最小存货单位。如果某商品有多种款式，则每款都会对应一个 SKU，便于电商品牌识别商品。如果一款商品有多种颜色，则该款商品会有多个 SKU。比如一件衣服有红色、白色、蓝色三种颜色，则每种颜色的 SKU 编码也不相同，如果相同则会出现混淆，发错货。

2）SPU（Standard Product Unit）是标准化产品单元，即商品信息聚合的最小单位，是一组可复用、易检索的标准化信息的集合。该集合描述了一个产品的特性。通俗来讲，属性值、特性相同的商品就可以称为一个 SPU。比如 iPhone 5S 是一个 SPU，而配置为 16G 版、4G 手机、颜色为金色、网络类型为 TD-LTE/TD-SCDMA/WCDMA/GSM 的 iPhone 5S 则是一个 SKU。

3）在线 SPU 数指的是网店在线商品的 SPU 数量。

（2）产品优势性指标。它主要是指独家产品收入比重，即独家销售的产品收入占总销售收入的比重。

（3）品牌存量指标。它包括品牌数和在线品牌数。品牌数是指商品的品牌总数量。在线品牌数是指在线商品的品牌总数量。

（4）上架指标。它包括上架产品 SKU 数、上架产品 SPU 数、上架产品在线 SPU 数、上架产品数和上架在线产品数。

（5）首发指标。它包括首次上架产品数和首次上架在线产品数。

六、市场营销活动指标分析

市场营销活动指标能够从市场营销指标和广告投放指标两个方面衡量网店整体的营销回报情况，见表 7-6。

表 7-6　市场营销活动指标

市场营销指标	新增访问人数
	新增注册人数
	总访问次数
	订单数量
	下单转化率
	投资回报率（ROI）
广告投放指标	新增访问人数
	新增注册人数
	总访问次数
	订单数量
	下单转化率
	广告投资回报率

（1）市场营销指标。它包括新增访问人数、新增注册人数、总访问次数、订单数量、下单转化率以及投资回报率（ROI）。其中，下单转化率是指活动期间，某活动所带来的下单次数与访问该活动的次数之比。投资回报率是指某一活动期间产生的交易金额与活动投放成本金额的比值。

（2）广告投放指标。它包括新增访问人数、新增注册人数、总访问次数、订单数量、下单转化率、广告投资回报率。其中，下单转化率是指某广告所带来的下单次数与访问该活动的次数之比。广告投资回报率是指某广告产生的交易金额与广告投放成本金额的比值。

七、风险控制指标分析

风险控制指标能够从买家评价指标和买家投诉指标两个方面衡量客户对网店的整体评价情况，见表 7-7。

表 7-7　风险控制指标

买家评价指标	买家评价数
	买家评价卖家数
	买家评价上传图片数
	买家评价率
	买家好评率
	买家差评率
买家投诉指标	发起投诉数
	撤销投诉数
	投诉率

（1）买家评价指标。它包括买家评价数、买家评价卖家数、买家评价上传图片数、买家评价率、买家好评率以及买家差评率。其中，买家评价率是指某段时间参与评价的买

家与该时间段买家总数量的比值,可以反映用户对评价的参与度,网店目前都在积极引导用户评价,以作为其他买家购物时的参考。买家好评率是指某段时间内好评的买家数量与该时间段买家总数量的比值。同样,买家差评率是指某段时间内差评的买家数量与该时间段买家总数量的比值。尤其是买家差评率,是非常值得关注的指标,需要对其进行监控,一旦发现买家差评率在加速上升,一定要提高警惕,分析引起差评率上升的原因并及时改进。

(2)买家投诉指标。它包括发起投诉数、撤销投诉数和投诉率。其中,投诉率为买家投诉人数与买家总数量的比值。投诉量和投诉率都需要及时监控,以发现问题,及时优化。

八、市场竞争指标分析

市场竞争指标能够从市场份额指标和网店排名指标两个方面分析竞争情况,从而进行下一步决策,见表7-8。

表7-8 市场竞争指标

市场份额指标	市场占有率
	市场扩大率
	用户份额
网店排名指标	交易额排名
	流量排名

(1)市场份额指标。它包括市场占有率、市场扩大率和用户份额。市场占有率是指网店交易额占同期所有同类型网店整体交易额的比重,市场扩大率是指购物网站占有率较上一个统计周期增长的百分比,用户份额是指网店独立访问用户数占同期所有网店合计独立访问用户数的比例。

(2)网店排名指标。它包括交易额排名和流量排名。交易额排名是指网店交易额在所有同类网店中的排名,流量排名是指网店独立访客数量在所有同类网店中的排名。

综上所述,本任务主要介绍了电商数据分析的基础指标体系,涵盖了网店总体运营指标、网店流量指标、网店销售(转化率)指标、客户价值指标、产品指标、市场营销活动指标、风险控制指标和市场竞争指标,这些指标都需要系统化地进行统计和监控,才能更好地发现网店运营健康度的问题,以便及时改进和优化,提升电商收入。比如销售转化率,其本质上是一个漏斗模型,对顾客从进入网站首页到最终购买各个阶段的转化率进行监控和分析是网店运营健康度很重要的分析方向。

网店的运营离不开数据的支撑,所以数据分析的准确性对于企业而言是非常重要的,在数据的分析过程中需要注意两个问题:①对网店运营的数据要长期进行积累;②注意对网店数据的保存与保护。

网店的运营要结合企业的实际情况,利用数据协助电商企业在业务上做出决策,使电商企业更清楚自身发展所处的阶段,并制定正确的发展方向和目标。所以在营销过程中,数据起到了至关重要的作用。

任务三　掌握常用数据分析工具

本任务以生意参谋为例，对数据分析工具的功能进行梳理和讲解。生意参谋是淘宝常用的免费数据分析工具之一，具有较强的、实用的、易于操作的数据分析功能。生意参谋在应用于网店问题查找时也具备较强的功能，比如销量停滞不前、流量出现瓶颈、引流效果差等问题。当电商企业不知道问题出现在什么地方时，生意参谋有助于找出问题，并提供方法解决店铺现状。下文主要介绍生意参谋的一些主要功能。

（1）实时指标功能。在生意参谋的首页可以看到实时指标，如图 7-2 所示，它反映的是某个时间内网店的访客数、支付金额以及支付买家数。

图 7-2　实时指标

（2）行业排名功能。如图 7-3 所示，行业排名可以反映出在总类目下，自身店铺销售量的排名。卖家可以清楚地看到自己和竞争对手之间的差距。

图 7-3　行业排名

（3）经营概况分析功能。如图 7-4 所示，经营概况可以清晰地反映出当天的销售状况，也能查看过去每一天的经营状况。卖家能够及时发现自身店铺经营是上升还是下降，以便及时做出调整。

（4）查看最近 30 天日均访客数功能。如图 7-5 所示，它可以反映自身店铺在最近 30 天的访客变化，访客多的那天我们同样可以分析原因，看自身店铺在那天做了哪些调整。曲线图右侧还有同行同层平均访客数据，从该数据来看，该店铺还是存在一定问题的。

图 7-4　经营概况

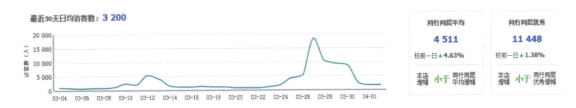

图 7-5　最近 30 天访客变化

（5）流量分析功能。如图 7-6 所示，流量分析包括跳失率、人均浏览量和平均停留时长等。

跳失率即进入店铺后离开的访客占比。跳失率的产生原因有很多，比如标题与商品详情页不符，或者客户从商品详情页看不到想要的，总的来说，就是进来的不是精准客户。

人均浏览量和平均停留时长的数值越大，证明店铺本身的内容越吸引人。

店铺流量构成反映了进店访客通过什么方式浏览，推广方式产生的流量占比。

图 7-6　流量分析

（6）流量来源功能。如图 7-7 所示，流量来源反映了 PC 端和无线端通过各种方式进来的访客排名。据此我们可以思考并分析其他引流方式是否存在问题，从而进一步优化，或者对于引流多的方式可以加大投入。

PC 端入店关键词 TOP 反映的是访客通过哪些关键词进入店铺的，其他没有引流的关键词我们可以考虑优化。

图 7-7 流量来源

（7）商品销售排行功能。如图 7-8 所示，商品销售排行反映了自身店铺卖的比较好的产品，可以考虑打造爆款的可能。

图 7-8 商品销售排行

（8）市场行情功能。如图 7-9 所示，市场行情类目下，可以看到一些优秀店铺的流量排名，和市场内一些卖的比较好的产品的排名。对市场的优质产品进行研究，我们也可以分析火爆产品的特征，概括是否有可以借鉴的地方，从而对自己的产品进行设计和优化。

图 7-9 市场行情

（9）关键词排名功能。如图 7-10 所示，可以看到各个关键词的访客数占比及排名情况。对于那些引流小的关键词，可以考虑进行关键词优化。

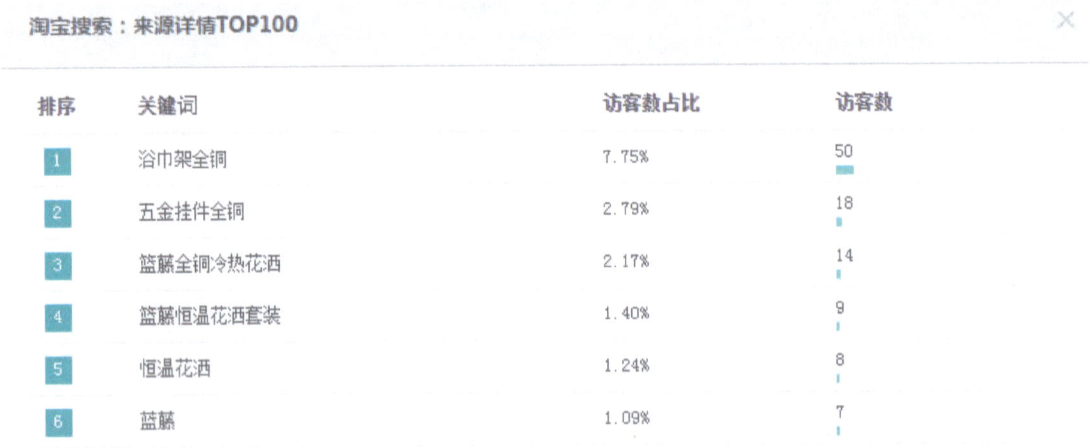

图 7-10　关键词排名

（10）店铺产品销量实时排行榜功能。如图 7-11 所示，该功能可以查看店铺哪个产品销量比较好，包括浏览量、访客数、支付金额、支付买家数、支付转化率的实时情况，以此做出实时的针对性调整。

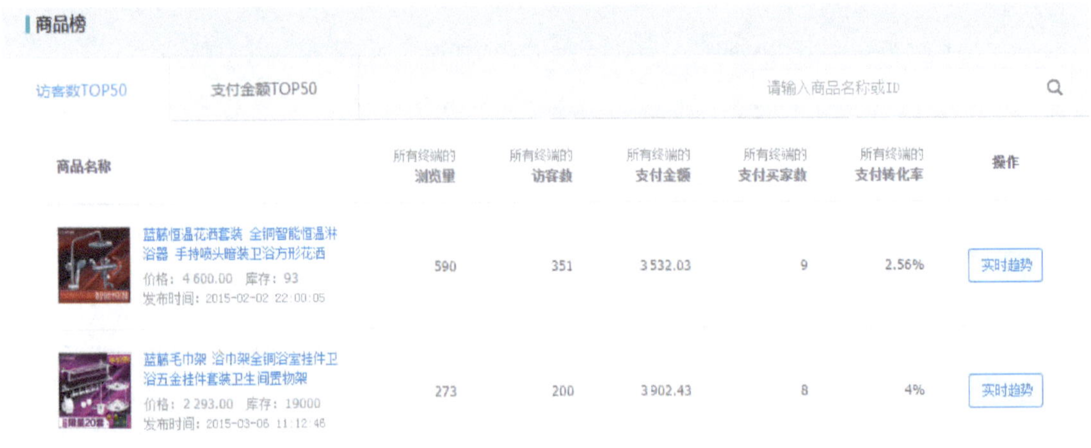

图 7-11　店铺产品销量实时排行榜

（11）实时趋势功能。如图 7-12 所示，生成的曲线图是该产品当天按小时区分的实时数据趋势，把产品的浏览量、访客数、支付金额、支付转化率等实时情况转化成趋势曲线图更为直观，更容易理解。

（12）实时访客功能。如图 7-13 所示，该功能可以查看当下访客访问的是哪款产品、访问了哪些页面、该访客的 IP 地址等。

项目七　网店数据分析

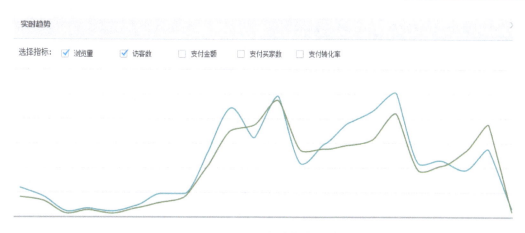

图 7-12　实时趋势

图 7-13　实时访客

（13）访客特征功能。如图 7-14 所示，可以对访客进行概括，据此可以看出哪个时间段的人数多，哪个省份比较喜爱该店铺的产品推广。由此可以针对不同时间段、不同地区进行分析，设置不同的投放力度等。

图 7-14　访客特征

（14）商品效果功能。在"商品效果明细"中单击"单品分析"，如图7-15所示，可以查看此刻商品引流的主要关键词和不引流的关键词，从而进行标题优化。单击"商品温度计"可以转跳到专题工具栏，可以查看访问此款商品的客户流失和产出，同时，这也是一个系统的诊断功能，可以通过系统诊断有针对性地优化此款宝贝。

图7-15　商品效果

（15）交易概况功能。如图7-16所示，可以看到商品的交易总览，并可以进行交易波动解读和转化率解读，系统会帮助我们更为深入地分析商品的效果，提升转化率。

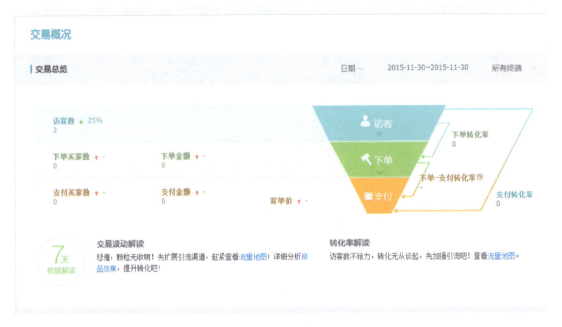

图7-16　交易概况

除此之外，生意参谋还有很多其他分析功能。生意参谋是一个剖析自己店铺、诊断自己店铺的工具，可以随时监测自己店铺的流量变化以及当前店铺相对于整个行业所处的水平，同时可以监测自己店铺每一个产品的流量来源、流量地域分布、销售趋势、访客特征、店铺引流关键词等，并可以启发式地为我们进行店铺和产品优化提供依据，最终提升转化率，增加盈利。

任务四　掌握电商数据挖掘方法

如上一任务内容所示，电商平台可以根据各类指标对网店情况进行全面刻画，这些指标具有简单直接、概括性强等特点。然而，除此之外，基于网店产生的海量数据，如何进行更为深入的分析，如客户的行为模式分析、产品的关联度分析、潜在客户获取及个性化服务等。这就需要运用数据挖掘方法来实现，本任务对一些经典的数据挖掘方法的相关概念和应用进行简要介绍。

一、数据挖掘的概念

谈到数据挖掘，一定要介绍啤酒与纸尿裤的故事。这个故事实际上是在沃尔玛中存在的一个有趣现象。啤酒与纸尿裤这两种风马牛不相及的商品居然摆在一起。出现这种特殊情况的原因是西方的生活习惯。有了孩子后，青年夫妇通常是自己带孩子。由于母亲需要在家照顾孩子，因此由父亲在下班回家的路上为孩子买纸尿裤等婴儿用品。要知道，在西方，啤酒是男性最重要的饮品。丈夫在买纸尿裤的同时如果能顺路走过啤酒摊的话，一般会顺手购买一打自己爱喝的啤酒。啤酒和纸尿裤这两个一般人看上去毫无关系的商品，事实上存在着潜在的联系。而发现这个联系的方法就是数据挖掘中的货篮分析，即关联规则挖掘。这个故事最早刊登在 1998 年《哈佛商业评论》上，现在已经成为数据挖掘在商业领域应用的经典案例。

沃尔玛从 20 世纪 90 年代尝试将关联规则挖掘算法引入销售数据分析中，并获得了成功。通过让这些客户一次购买两件商品而不是一件，从而获得了很好的商品销售收入，这个策略在商业上还被叫作商品的交叉销售。这种销售现象几乎和人类历史一样悠久，在古人披着兽皮交换贝壳、粮食、石斧等商品时，他们已经清楚地了解商品交叉销售对于商品交易的重要性。"啤酒与纸尿裤"的故事只是对商品交叉销售现象的一种现代解释，并不是出现"啤酒与纸尿裤"的故事之后，才存在商品交叉销售的现象。从这个意义上讲，沃尔玛并没有发现"新大陆"，只不过是在数十万种商品、海量的交易行为记录中把用肉眼无法发现的现象挖掘出来，并从中发现了商业价值。

数据挖掘早期在人工智能（Artificial Intelligence，AI）中被称为知识发现（Knowledge Discovery in Database，KDD），指的是从大量数据中寻找未知的、有价值的模式或规律等知识的过程。在人工智能领域中，知识发现是由若干挖掘步骤组成的，而数据挖掘是其中的一个主要步骤（见图 7-17）。

整个知识挖掘的主要步骤有：

（1）数据清洗（Data Cleaning）。清除噪声数据、不一致的数据和与挖掘主题明显无关的数据。

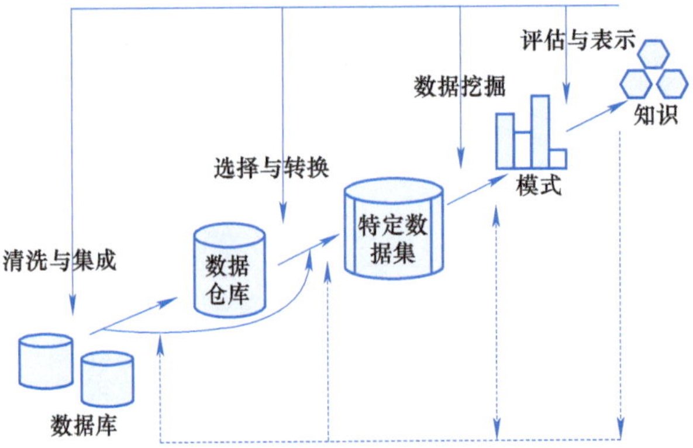

图 7-17 知识发现的过程

（2）数据集成（Data Integration）。将来自多数据源中的相关数据整合到一起，形成一致的、完整的数据描述。

（3）数据转换（Data Transform）。通过汇总或聚集将数据转换为易于进行数据挖掘的数据存储形式。

（4）数据挖掘（Data Mining）。它是知识发现的一个基本步骤，利用智能方法挖掘模式、规则、网络等知识。

（5）模式评估（Pattern Evaluation）。根据一定评估标准或度量（Measure）从挖掘结果中筛选出有意义的知识。

（6）知识表示（Knowledge Representation）。利用可视化和知识表示技术，向用户展示所挖掘出的相关知识。

随着商业中对数据分析应用的日渐增多，以及商业用户对知识的认识逐渐深入，需要有一个时髦的、更容易被大众接受的名词来表达知识发现过程。因此，"数据挖掘"这个非常形象化的名词在更多的商业场合下被更多人熟知。尽管数据挖掘仅仅是整个知识挖掘过程中的一个重要步骤，但由于目前工业界、媒体、数据库研究领域中，"数据挖掘"一词已被广泛使用并被普遍接受，因此在这里也广义地使用"数据挖掘"一词来表示整个知识挖掘过程，即数据挖掘是从数据库、数据仓库或其他信息库中的大量数据（海量数据）中，挖掘潜在的、目前未知的、有趣的知识的过程。

在这个定义中，典型的数据挖掘系统须包括以下部分（见图 7-18）：

（1）数据库、数据仓库或其他信息库。数据挖掘对象是由一个（或一组）数据库、数据仓库、数据表单或其他信息库组成的。通常需要使用数据清洗、数据集成或过滤操作，对这些数据对象进行初步处理。

（2）数据库（DB）或数据仓库（DW）服务器。这类服务器负责根据用户的挖掘请求读取相关的数据。

（3）知识库。此处存放数据挖掘所需要的领域知识，这些知识将用于指导数据挖掘的搜索过程，或者用于帮助对挖掘结果的评估。挖掘算法中所使用的用户定义的阈值就是最简单的领域知识，比如最小支持度、置信度、兴趣度等。

（4）数据挖掘引擎。这是数据挖掘系统的最基本部件，它通常包含一组挖掘功能模块，以便完成特征描述、关联分析、分类、聚类、进化计算和偏差分析等挖掘功能。

（5）模式评估。该模块可根据兴趣度度量，协助数据挖掘模块聚焦挖掘更有意义的模式知识。比如该模块可与数据挖掘模块有机结合，将有助于把搜索限制在有兴趣的模式上，提高其数据挖掘的效率。

（6）可视化用户界面。该模块帮助用户与数据挖掘系统进行沟通交流。用户通过该模块将自己的挖掘要求或任务提交给挖掘系统，以及提供挖掘搜索所需要的相关知识。挖掘系统通过该模块向用户展示或解释数据挖掘的结果或中间结果。此外，该模块也可以帮助用户评估所挖掘出的模式知识，以多种形式展示挖掘出的模式知识。

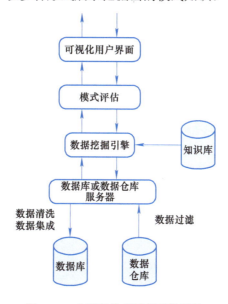

图 7-18　典型的数据挖掘系统结构

数据挖掘有机结合了来自多学科的技术，其中包括数据库、数理统计、机器学习、高性能计算、模式识别、神经网络、数据可视化、信息检索、图像与信号处理、空间数据分析等。这里需要强调的是，数据挖掘所处理的是大规模数据，即通常所说的海量数据，且其挖掘算法应是高效的和可扩展的（Scalable）。通过数据挖掘，可从数据库中挖掘出有意义的知识、规律，或更高层次的信息，并可以从多个角度对其进行浏览查看。所挖掘出的知识可以帮助进行决策支持、过程控制、信息管理、查询处理等。因此，数据挖掘被认为是数据库系统最重要的前沿研究领域之一，也是信息工业中最富有前景的数据库应用领域之一。

二、数据挖掘方法

1. 关联规则

考察一些涉及许多物品的事务：事务 1 中出现了物品甲，事务 2 中出现了物品乙，事务 3 中则同时出现了物品甲和乙。那么，物品甲和乙在事务中的出现相互之间是否有规律可循呢？在数据库的知识发现中，关联规则就是描述这种在一个事务中物品之间同时出现规律的知识模式。更确切地说，关联规则通过量化的数字描述物品甲的出现对物品乙的出现有多大的影响。

现实中，这样的例子有很多。例如超市利用前端收款机收集存储了大量的售货数据，这些数据是一条条的购买事务记录，每条记录存储了事务处理时间、顾客购买的物品、物品的数量及金额等。这些数据中常常隐含形式如下的关联规则：在购买铁锤的顾客当中，有70%的人同时购买了铁钉。这些关联规则很有价值，商场管理人员可以根据这些关联规则更好地规划商场，如把铁锤和铁钉这样的商品摆放在一起，能够促进销售。

关联分析或者称为关联规则挖掘，是在数据中寻找频繁出现的项集模式的方法。关联分析也就是前面在啤酒与纸尿裤例子中说到的"货篮分析"，它广泛用于市场营销、事务分析等应用领域。

关联规则揭示数据之间的内在联系，发现用户与站点各页面的访问关系。其数据挖掘的形式描述为：设 $I=\{i_1, i_2, \cdots, i_m\}$ 为挖掘对象的数据集，存在一个事件 T，若 I 中的一个子集 X，有 X 包含于 T，则 I 与 T 存在关联规则。

通常，关联规则表示为 $X \Rightarrow Y$ 形式，含义是数据库的某记录中如果出现了 X 情况，则也会出现 Y 的情况。这个写法与数据库中的函数依赖一致，但表述的则是数据库中记录的实际购买行为。一个数据挖掘系统可以从一个商场的销售（交易事务处理）记录数据中挖掘出如下所示的关联规则：

$$啤酒 \Rightarrow 土豆$$
[支持度 =2%，置信度 =70%]

上面这条规则表示某商场购买啤酒的人中有70%的人也购买了土豆，且同时购买啤酒和土豆的人数占购物总人数的2%。可以说，该规则的置信度为70%，代表了这条关联规则的准确性；支持度为2%，代表了这条关联规则的重要性。某些关联规则即使很准确，但是并不重要，说明应用的机会不多。所以一条高质量的关联规则，一定要同时满足提前设定的最小置信度和最小支持度。

关联规则实际上是借用了产生式规则知识表示方法的形式来表达商品间的联系。通过构建关联模型，进行电商平台的数据挖掘，可以更好地进行不同产品间的关联销售。关联分析是数据挖掘应用较为成熟的领域，已经有一些经典算法。

在电子商务领域，关联规则应用非常广泛，包括页面关联和产品关联。比如80%的用户访问页面 company/product1 时，也访问了页面 company/product2，这说明了两个页面的相关性。那么，可以进行一个页面的预取，来减少等待时间。用 {A，B} 来表示两个页面，那么在用户访问页面 A 时，我们可以把页面 B 提前调入缓存中，从而改善 Web 缓存，缓解网络交通，提高性能。除此之外，若 A 和 B 表示两个产品页面，则两种产品对客户来说有很大的相关性。我们可以利用这一点做出很有效的促销和广告策略。

2. 分类

分类就是找出一组能够描述数据集合典型特征的模型（或函数），以便能够分类识别未知数据的归属或类别，即将未知事例映射到某种离散类别的方法。用通俗的语言来描述的话，可以这样理解分类，即根据已有的实例建立一个模型，使之能够识别对象所属类别，该模型可以用于将未定类别的对象划分到已知类别的工作。

用于分类分析的技术有很多，典型方法有统计方法的贝叶斯分类、机器学习的决策树归纳分类、神经网络的后向传播分类等。数据挖掘技术也将关联规则用于分类问题。另外还有一些其他分类方法，包括遗传算法、粗糙集和模糊集方法。目前，尚未发现有一种方法对所有数据都优于其他方法。实验研究表明，许多算法的准确性非常相似，其差别是统计不明显，而计算时间可能显著不同。

与分类相似的一个操作是预测。分类通常用于预测未知数据实例的归属类别（有限离散值），比如一个银行客户的信用等级是6级、5级还是4级，或者直邮收件人是否会有反馈。但在一些情况下，需要预测某数值属性的值（连续数值），这样的分类就被称为预测。尽管预测既包括连续数值的预测，又包括有限离散值的分类，但一般还是使用预测来表示对连续数值的预测，而使用分类来表示对有限离散值的预测。

在商业应用中有几类问题需要使用分类和预测方法加以解决。典型的应用即筛选目标客户（寻找潜在客户）。例如，一家高档化妆品公司希望借助数据挖掘技术为公司的新产品搜集客户。由于技术和成本，测试产品的最初覆盖面时只能覆盖目标客户群的一小部分。在这个项目中，最终选择了该公司现有客户中的几百个人做直邮营销，也就是向这些客户寄递广告函件，看哪些客户有反馈，可能会成为这个新产品的消费者。

因此，这个项目中最重要的问题是推算谁最有可能对这种新产品感兴趣，该向哪些客户寄发广告。这是分类的典型应用，即采用最经济的方法，找到最有可能出现响应的用户。一般来说，定向市场营销的固定成本可以看成是不变的，每次联系目标客户的支出也差不多是固定值，要减少营销活动的总成本，就必须减少要联系的潜在客户数量。换句话说，如果能在不影响营销效果的前提下减少发送邮件的数量，自然会降低整个项目的成本。

为确保测试的有效性，营销项目需要保证有一定数量的客户有反馈或者签约。对于新产品的宣传活动，一般的经验是，2%～3%的现有客户可能做出满意响应。因此，为达到500人响应的目标，可能需要向16 000～25 000名潜在客户发起营销宣传。

这里的困难在于如何选择目标，即如何在众多的现有客户中选择要发起营销宣传的目标客户。给每位客户打分评价该客户对营销活动发生响应的概率是一个比较通用的做法。客户的打分范围为1～100，1代表该客户非常有可能购买产品，而100代表没有可能购买产品。然后，根据得分情况将候选人进行排序，营销人员可以顺着这个名单往下数，直至达到想要的响应者数量。图7-19为数据挖掘项目中常用的累积增益图，通过分类分析，可以找到最有可能响应的客户，以较低的联系客户数量，即可获得期望的响应数量，降低了整体营销成本。

图7-19中，对角线代表在所有客户中随机选择目标客户寄发直邮时有响应的客户数量和寄发直邮的客户数量的关系。也就是随着寄发直邮的客户数量的增加，有响应的客户数量呈线性增加。向上弯曲的曲线代表仅向通过分类方法事先筛选出的目标客户寄发直邮而得到的关系。两条线的差异A代表了要达到相同的有响应的客户数量时，经过分类分析

筛选后比未经筛选时节省的寄发直邮的客户数量。而差异 B 则代表了如果寄发同样客户数量的直邮，则两种方法得到的有响应的客户数量的差异。所以在图 7-19 中，如果向上弯曲的曲线越远离对角线，或者这两条线之间的面积越大，则代表该筛选越有效。

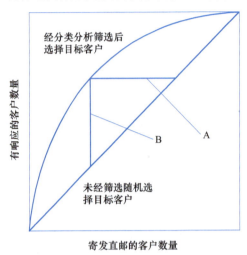

图 7-19 营销项目的累积增益图

在电子商务领域，分类和预测也有非常广泛的应用，比如可以根据客户对网店某一类产品的访问情况或其抛弃购物车的情况来对客户分类（即对哪一类产品感兴趣）。更深入一点，可以为客户添加一些属性，如性别、年龄、爱好等（可在网站注册信息中获得），并将对哪一类产品感兴趣定义为目标属性，那么基于这些属性可以用决策树算法来进行分类，可以得出符合目标属性的人的概括性特点，比如 30 岁以上的男性更容易购买皮鞋等，这样可以更精准地捕捉客户并制定营销策略。

3. 聚类

聚类从名字上来看与分类很相近，在有些文章中会把这两种操作合称为分类，但在数据挖掘中还是需要明确加以区分。一般来说，聚类指的是根据"最大化簇内的相似性、最小化簇间的相似性"的原则将数据对象聚类或分组，所形成的每个簇可以看作一个数据对象类，用显式或隐式的方法加以描述。

聚类分析与分类预测方法的明显不同之处在于：分类在学习获取分类预测模型时所使用的数据是已知类别归属，属于有教师监督学习方法；而聚类分析（无论在学习还是在归类预测时）所分析处理的数据均是无（事先确定）类别归属，类别归属标志在聚类分析处理的数据集中是不存在的。究其原因，很简单，它们原来就不存在，因此聚类分析属于无教师监督学习方法。简而言之，在分类时，有已知的实例作为学习划分的参考，而聚类操作时并没有这些参考信息，完全需要根据对象本身的特征完成划分过程。

聚类是人类一项最基本的认识活动。通过适当聚类，事物才便于研究，事物的内部规律才可能为人类所掌握。聚类就是按照事物的某些属性，把事物聚集成类，使类间的相似性尽可能小,类内相似性尽可能大。聚类是一个无监督的学习过程,它同分类的根本区别在于:分类是需要事先知道所依据的数据特征,而聚类是要找到这个数据特征。因此,在很多应用中,聚类分析作为一种数据预处理过程,是进一步分析和处理数据的基础。例如在商务中,聚类分析能够帮助市场分析人员从客户基本库中发现不同的客户群,并且用购买模式来刻画不同客户群的特征。在生物学中,聚类分析能用于推导植物和动物的分类,对基因进行分析,获得对种群中固有结构的认识。聚类分析也可以用于在泥土观测数据库中对相似地区的区分,也可以根据房子的类型、价值和地域对一个城市中的房屋进行分类。聚类分析也能用于分类 Web 文档来获得信息。作为数据挖掘的功能,聚类分析可以作为一个获得数据分布情况、观察每个类的特征和对特定类进一步分析的独立工具。通过聚类,能够识别密集和稀疏的区域,发现全局的分布模式以及数据属性之间的相互关系等。

一个能产生高质量聚类的算法必须满足以下两个条件:
1)类内(Intra-Class)数据或对象的相似性最强。
2)类间(Inter-Class)数据或对象的相似性最弱。

聚类质量的高低通常取决于聚类算法所使用的相似性测量的方法和实现方式,同时也取决于该算法能否发现部分或全部隐藏的模式。

一些看似无序的原始对象,通过聚类分析就可以很容易地形成不同的组别(类别),如图 7-20 所示,分组后组内成员的相似度最高,而组间成员的相似度最低。

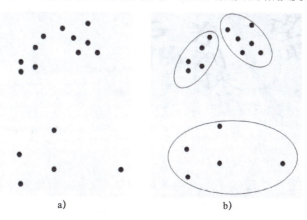

图 7-20 原始对象分布与聚类结果
a)分组前 b)分组后

在电子商务平台中,主要有两种聚类应用:一种是页聚类,即将内容相关的页面归到一个网页组,这对网上搜索引擎对网页的搜索有很大帮助;另一种是客户聚类,即将具有相似访问特性的客户归为一组,那么可以分析出喜好类似的客户群,从而可以动态地为客户群制定网页内容或提供浏览意见,比如通过对众多浏览"照相机"网页的客户分析,发现经常在该网页上花一段时间去浏览的客户,再通过对这部分客户的登记资料进行分析,知道这些客户是潜在要购买照相机的群体。可以通过调整"照相机"网页的内容和风格来适应客户的需要。这在电子商务市场的分割和为客户提供个性化服务的过程中起到了很大的作用。

4. 时间序列模式

时间序列模式侧重于挖掘数据的前后时间顺序关系，分析是否存在一定趋势，以预测未来的访问模式。序列模式分析和关联分析类似，其目的也是挖掘数据之间的联系，但序列模式分析的侧重点在于分析数据间的前后序列关系。它能发现隐含在数据库中的一类知识，例如在某一段时间内，顾客先购买商品 A，接着购买商品 B，而后购买商品 C 的频率较高，即发现序列 A-B-C。序列模式分析描述的问题是：在给定的交易序列数据库中，每个序列是按照交易时间排列的一组交易集，挖掘序列函数作用在这个交易序列数据库上，返回该数据库中出现的高频序列。在进行序列模式分析时，需要用户输入最小置信度 C 和最小支持度 S。另外，序列关联规则挖掘中采用的 Apriori 特性可以用于序列模式的挖掘，另一类挖掘此类模式的方法是基于数据库投影的序列模式生长技术。

时间序列模式侧重于挖掘数据的前后时间顺序关系，分析是否存在一定趋势，以预测未来的访问模式。

除了上面介绍的几种典型数据挖掘应用，数据挖掘还包括路径分析、孤立点分析（异类分析）等其他多种方法。

三、数据挖掘的典型应用

作为商务智能（BI）的重要组成，数据挖掘的主旨是商业应用，即如何辅助人们完成决策、客户划分与识别、客户信用评价、交叉销售、欺诈发现等工作。

1. 应用于客户细分

随着"以客户为中心"的经营理念不断深入人心，分析客户、了解客户并引导客户的需求已成为企业经营的重要课题。通过对电子商务系统收集的交易数据进行分析，可以按各种客户指标（如自然属性、收入贡献、交易额、价值度等）对客户分类，然后确定不同类型客户的行为模式，以便采取相应的营销措施，促使企业利润的最大化。

2. 应用于客户获得

客户在网店的浏览行为反映了客户的兴趣和购买意向。对电商企业来说，了解、关注在册客户群体非常重要，但从众多的访问者中发现潜在客户群体也同样非常关键。如果发现某些客户为潜在客户群体，就可以对这类客户实施一定的策略使他们尽快成为在册客户群体。对一个移动电子商务网站来说，这可能就意味着订单增多、效益增加。

利用数据挖掘可以有效地获得客户。比如通过数据挖掘可以发现购买某种商品的消费者是男性还是女性，学历、收入如何，有什么爱好，是什么职业等，甚至可以发现不同的人在购买这种商品的相关商品后多长时间有可能购买这种商品，以及什么样的人会购买什么型号的这种商品等。也许很多因素表面上看起来和购买这种商品不存在任何联系，但数据挖掘的结果却证明它们之间有联系。在采用了数据挖掘后，针对目标客户发送的广告的有效性和回应率将得到大幅提高，推销的成本将大大降低。

3. 应用于客户保持

数据挖掘可以把大量的客户分成不同的类，在每个类里的客户拥有相似的属性，而不同类里的客户，其属性也不同。可以通过给不同类的客户提供不同的服务来提高客户的满意度。数据挖掘还可以发现具有哪些特征的客户有可能流失，这样挽留客户的措施将具有针对性，挽留客户的费用将下降。

4. 应用于交叉销售

交叉销售可以使企业比较容易地得到关于客户的丰富信息，而这些大量的数据对于数据挖掘的准确性来说是有很大帮助的。在企业所掌握的客户信息，尤其是以前购买行为的信息中，可能正包含着这个客户决定下一个购买行为的关键，甚至决定因素。这时数据挖掘的作用就会体现出来，它可以帮助企业寻找到影响客户购买行为的因素。

5. 应用于个性服务

在电子商务中，传统客户与销售商之间的空间距离对客户来说已经不复存在，客户从一个网店切换到另一个网店，只需单击几下鼠标即可，并且随时随地都可以进行。所以，网站或 App 内容的层次、用词、标题、奖励方案、服务等任何一个方面都有可能成为吸引客户或者失去客户的因素。通过对客户访问信息的挖掘，就能知道客户的浏览行为，从而识别客户的忠诚度、喜好、满意度，了解客户的兴趣及需求，动态地调整网店页面以满足客户的需要。

当客户在电子商务网站注册时，客户将会看到带有客户注册账户名称的欢迎词。根据客户的订单记录，系统可以向客户显示那些可能引起客户特殊兴趣的新商品。当客户注意到一件特殊的商品时，系统会自动向其推荐其他相关产品。普通的产品目录手册常常简单地按类型对商品进行分组，以简化客户挑选商品的步骤。然而对于在线商店，商品分组可能是完全不同的，它常常以针对客户的商品补充条目为基础。不仅考虑客户看到的条目，而且还考虑客户购物车中的商品。使用数据挖掘技术可以使推荐更加个性化。

6. 应用于资源优化

节约成本是企业盈利的关键。通过分析历史的财务数据、库存数据和交易数据，可以发现企业资源消耗的关键点和主要活动的投入产出比例，从而为企业资源优化配置提供决策依据，例如降低库存、提高库存周转率、提高资金使用率等。

除此之外，对于网店的各种数据进行挖掘，有助于改进系统资源优化，并提供相关决策支持。Web 服务器的性能是衡量客户满意度的关键指标，数据挖掘通过分析客户的拥塞记录可以发现站点的性能瓶颈，以提示站点管理者改进 Web 缓存策略、网络传输策略、流量负载平衡机制和数据的分布策略等。

7. 应用于异常事件的确定

在许多商业领域中，异常事件具有显著的商业价值，如电商平台客户流失、网络支付的信用卡欺诈、电信中移动话费拖欠等。通过数据挖掘中的奇异点分析，可以迅速准确地甄别这些异常事件。

由此可见，数据挖掘在电子商务领域有着广泛的应用价值。

小 结

本项目主要讲述了网店数据分析，首先介绍了网店数据分析、数据分析与网店的关系以及网店的大数据运营，从而让读者对网店数据分析有一个基本的了解；其次重点介绍了电商平台的主要数据指标，通过指标的计算可以对电商平台进行不同层面的概括和分析；再次介绍了网店常用的数据分析工具，由此可以进行较为直观的网店数据指标分析；最后介绍了电商数据挖掘方法，包括关联规则、分类、聚类等，让读者初步具备数据建模的思路。

实训项目：数据分析实训

一、实训目的

某网店计划在天猫经营男装，但男装行业下品类众多，为了使网店的品类上新时间规划更为合理，避免错过销售时机，需要对男装的各品类每月的交易情况进行分析，明确各个品类的上升期、爆发期、衰退期，使网店运营人员针对计划销售的品类能够提前做好工作安排，比如进行商品上新测试，或在某款商品的衰退期削减付费推广预算。

二、实训内容

1．获取相关数据，随后创建数据透视表，将数据中"类目名""日期"字段放置在行列表框，"支付金额较父行业占比"字段放置在值列表框，完成数据透视表的创建，随后插入"数据透视图"→"折线图"，进行图表美化，并插入切片器，灵活查看各个品类一年的交易情况。

2．通过切片器灵活查看男装各个品类全年交易情况，分析某品类爆发期（即销售旺期）是哪个时间段，需要在哪个时间段完成商品选款以及测试图片等工作。

3．网店运营人员继续分析各个品类的交易趋势，发现有些品类全年的交易趋势比较平稳，每月的交易占比情况差别不大，请找出这些品类。

三、实训要求

男装各个品类每月的交易情况可通过生意参谋市场大盘进行采集，即对各个品类每月支付金额较父行业占比数据进行采集，得出各个品类一年的交易情况，并通过可视化图表—折线图，灵活查看各个品类全年的上升期、爆发期、衰退期的数据变化情况，据此进行数据分析。

同步测试

一、单项选择题

1．下列属于大数据典型特征的是（　　）。
   A．数据体量适中　　B．价值密度高　　C．数据类型繁多　　D．处理速度慢

2. 下列不属于产品总数指标的是（　　）。

  A．SKU 数　　　　B．SPU 数　　　C．在线 SPU 数　　D．离线 SPU 数

二、多项选择题

1. 平台总体运营中的流量类指标包括（　　）。

  A．总订单数　　　　　　　　　　　B．UV

  C．PV　　　　　　　　　　　　　　D．人均页面访问数

2. 流量质量指标包括（　　）。

  A．跳出率　　　　　　　　　　　　B．页面访问时长

  C．人均页面浏览量　　　　　　　　D．活跃会员数

三、简答题

1. 简述并举例说明 SKU 的概念。
2. 简述投资回报率的计算方法。
3. 简述数据挖掘的典型应用。

参 考 文 献

[1] 王利锋，秦建刚，薛瑾. 网店运营实务 [M]. 北京：人民邮电出版社，2017.

[2] 张星，张海波. 淘宝网开店、装修、运营、推广与管理 [M]. 北京：人民邮电出版社，2017.

[3] 葛存山. 网店运营与推广 [M]. 北京：人民邮电出版社，2017.

[4] 吴凌娇，宋卫. 网上创业 [M]. 北京：高等教育出版社，2013.

[5] 北京鸿科经纬科技有限公司. 网店运营基础 [M]. 北京：高等教育出版社，2020.

[6] 北京鸿科经纬科技有限公司. 网店运营 [M]. 北京：高等教育出版社，2020.

[7] 袁汉宁，王树良，程永，等. 数据仓库与数据挖掘 [M]. 北京：人民邮电出版社，2015.

[8] 郑继刚. 数据挖掘及其应用研究 [M]. 昆明：云南大学出版社，2014.

[9] 杨伟强，朱洪莉. 电子商务数据分析 [M]. 北京：人民邮电出版社，2016.

[10] 夏火松. 数据仓库与数据挖掘技术 [M]. 北京：科学出版社，2009.

[11] 汪闰六，易云辉. 电子商务中基于 Web 挖掘的客户行为探讨 [J]. 商业时代，2012(33)：39-40.

[12] 卢健，刁雅静. Web 日志挖掘中的数据预处理研究 [J]. 江苏科技大学学报（自然科学版），2012，26（1）：81-85.